Disfrute gratuitamente **DURANTE UN AÑO** de los eBook y audiolibros de las obras de Editorial Colex*

- Acceda a la página web de la editorial **www.colex.es**
- Identifíquese con su usuario y contraseña. En caso de no disponer de una cuenta regístrese.
- Acceda en el menú de usuario a la pestaña «Mis códigos» e introduzca el que aparece a continuación:

RASCAR PARA VISUALIZAR EL CÓDIGO

- Una vez se valide el código, aparecerá una ventana de confirmación y su eBook y/o audiolibro estará disponible **durante 1 año desde su activación** en la pestaña «Mis libros» en el menú de usuario.

* Los audiolibros están disponibles en las ediciones más recientes de nuestras obras. Se excluyen expresamente las colecciones «Códigos comentados», «Biblioteca digital» y los productos de www.vademecumlegal.es.

No se admitirá la devolución si el código promocional ha sido manipulado y/o utilizado.

¡Gracias por confiar en nosotros!

La obra que acaba de adquirir incluye de forma gratuita la versión electrónica. Acceda a nuestra página web para aprovechar todas las funcionalidades de las que dispone en nuestro lector.

Funcionalidades eBook

Acceso desde cualquier dispositivo con conexión a internet

Idéntica visualización a la edición de papel

Navegación intuitiva

Tamaño del texto adaptable

Síguenos en:     

LEY DEL REGISTRO CIVIL
Y REGLAMENTO

LEY DEL REGISTRO CIVIL Y REGLAMENTO

4.ª EDICIÓN 2026

(Edición actualizada a 15 de enero de 2026)

COLEX 2026

Calle Costa Rica, número 5, 3º B (local comercial)
A Coruña, 15004, A Coruña (Galicia)
info@colex.es
www.colex.es

I.S.B.N.: 979-13-7011-562-3
Depósito Legal: C 65-2026

LEYENDA ICONOS

TEXTO MODIFICADO	**TEXTO NUEVO**

ABREVIATURAS

Art.	Artículo
D.A.	Disposición adicional
D.F.	Disposición final
D.T.	Disposición transitoria
LRC-1957	Ley de 8 de junio de 1957 sobre el Registro Civil
LRC-2011	Ley 20/2011, de 21 de julio, del Registro Civil
RD.	Real Decreto
RRC	Decreto de 14 de noviembre de 1958 por el que se aprueba el Reglamento de la Ley del Registro Civil
sigs.	Siguientes

SUMARIO

LEY 20/2011, DE 21 DE JULIO, DEL REGISTRO CIVIL

DECRETO DE 14 DE NOVIEMBRE DE 1958 POR EL QUE SE APRUEBA EL REGLAMENTO DE LA LEY DEL REGISTRO CIVIL

LEY 20/2011, DE 21 DE JULIO, DEL REGISTRO CIVIL

LEY 20/2011, DE 21 DE JULIO, DEL REGISTRO CIVIL

–BOE núm. 175, de 22 de julio de 2011–

*Esta norma entró en vigor el **30 de abril de 2021**, CON LAS SIGUIENTES EXCEPCIONES:*

- D.A. 7.ª y 8.ª y las D.F. 3.ª y 6.ª: entraron en vigor el 23/07/2011.

- Artículos 44, 45, 46, 47, 49.1 y 4, 64, 66, 67.3 y D.A. 9.ª (en la redacción dada por el artículo segundo de la Ley 19/2015, de 13 de julio, de medidas de reforma administrativa en el ámbito de la Administración de Justicia y del Registro Civil): entraron en vigor el 15/10/2015.

- Artículos 49.2 y 53: entraron en vigor el día 30/06/2017.

- Para las oficinas consulares del Registro Civil la norma completa entró en vigor el día 01/10/2020, aplicándose de forma progresiva de conformidad con lo previsto en la D.T. 7.ª y las disposiciones reglamentarias que se dicten al efecto.

JUAN CARLOS I
REY DE ESPAÑA
A todos los que la presente vieren y entendieren.
Sabed: Que las Cortes Generales han aprobado y Yo vengo en sancionar la siguiente ley.

PREÁMBULO

I

La importancia del Registro Civil demanda la adopción de un nuevo modelo que se ajuste tanto a los valores consagrados en la Constitución de 1978 como a la realidad actual de la sociedad española.

Aunque la vigente Ley del Registro Civil, de 8 de junio de 1957, ha dado muestras de su calidad técnica y de su capacidad de adaptación a lo largo de estos años, es innegable que la relevancia de las transformaciones habidas en nuestro país exige un cambio normativo en profundidad que, recogiendo los aspectos más valiosos de la institución registral, la acomode plenamente a la España de hoy, cuya realidad política, social y tecnológica es completamente distinta a la de entonces.

La Constitución de 1978 sitúa a las personas y a sus derechos en el centro de la acción pública. Y ese inequívoco reconocimiento de la dignidad y la igualdad ha supuesto el progresivo abandono de construcciones jurídicas de épocas pasadas que configuraban el estado civil a partir del estado social, la religión, el sexo, la filiación o el matrimonio.

Un Registro Civil coherente con la Constitución ha de asumir que las personas –iguales en dignidad y derechos- son su única razón de ser, no sólo desde una perspectiva individual y subjetiva sino también en su dimensión objetiva, como miembros de una comunidad políticamente organizada.

Por este motivo, la Ley abandona la vieja preocupación por la constatación territorial de los hechos concernientes a las personas, sustituyéndola por un modelo radicalmente distinto que prioriza el historial de cada individuo, liberándolo de cargas administrativas y equilibrando la necesaria protección de su derecho fundamental a la intimidad con el carácter público del Registro Civil.

En este sentido, la Ley suprime el tradicional sistema de división del Registro Civil en Secciones -nacimientos, matrimonios, defunciones, tutelas y representaciones legales- y crea un registro individual para cada persona a la que desde la primera inscripción que se practique se le asigna un código personal.

Asimismo, en la presente Ley se incorpora tanto la Convención de los derechos del niño de 20 de noviembre de 1989, ratificada por España el 30 de noviembre de 1990, como la Convención sobre los derechos de las personas con discapacidad, de 13 de diciembre de 2006, ratificada por España el 23 de noviembre de 2007.

II

La modernización del Registro Civil también hace pertinente que su llevanza sea asumida por funcionarios públicos distintos de aquellos que integran el poder judicial del Estado, cuyo cometido constitucional es juzgar y ejecutar lo juzgado.

En efecto, la aplicación al Registro Civil de técnicas organizativas y de gestión de naturaleza administrativa permitirá una mayor uniformidad de criterios y una tramitación más ágil y eficiente de los distintos expedientes, sin merma alguna del derecho de los ciudadanos a una tutela judicial efectiva, pues todos los actos del Registro Civil quedan sujetos a control judicial.

Esta Ley deslinda con claridad las tradicionales funciones gubernativas y judiciales que por inercia histórica todavía aparecen entremezcladas en el sistema de la Ley de 1957, y aproxima nuestro modelo de Registro Civil al existente en otros países de nuestro entorno, en los que también se ha optado por un órgano o entidad de naturaleza administrativa con el fin de prestar un servicio público de mayor calidad, sin perjuicio de la garantía judicial de los derechos de los ciudadanos.

Puesto que la materia a la que el funcionamiento del Registro Civil se refiere es el estado civil de las personas y en ciertos aspectos, el derecho de familia, la jurisdicción competente es la civil. No obstante, se exceptúa la nacionalidad por residencia, respecto de la que persisten las razones que aconsejaron trasladar esta materia a la jurisdicción contencioso-administrativa con la entrada en vigor de la Ley 18/1990, de 17 de diciembre, de reforma del Código Civil.

III

Esa misma vocación modernizadora hace que en la Ley se diseñe un Registro Civil único para toda España, informatizado y accesible electrónicamente.

El Registro Civil se configura como una base de datos única que permite compaginar la unidad de la información con la gestión territorializada y la universalidad en el acceso. Este salto conceptual, que implica la superación del Registro físicamente articulado en libros custodiados en oficinas distribuidas por toda España, obliga a un replanteamiento de toda su estructura organizativa, que ahora ha de tener por objetivo principal eximir al ciudadano de la carga de tener que acudir presencialmente a las oficinas del Registro.

Un Registro Civil electrónico exige una estructura organizativa bien distinta de la actual. Estructura que, además, ha de tener presente a las Comunidades Autónomas.

A todo ello se dedica el título III de esta Ley, en el que se contempla una organización del Registro Civil mucho más sencilla que la anterior, diferenciándose entre Oficinas Generales, Oficina Central y Oficinas Consulares, dotadas de funciones y competencias propias, aunque dependiendo de la Dirección General de los Registros y del Notariado en tanto que centro superior directivo, consultivo y responsable último del Registro Civil.

Existirá una Oficina General por cada Comunidad o Ciudad Autónoma y otra más por cada 500.000 habitantes, al frente de la cual se encontrará un Encargado al que se le asignan las funciones de recepción de declaraciones y solicitudes, la tramitación y resolución de expedientes, la práctica de inscripciones y, en su caso, la expedición de certificaciones. A la Oficina Central le corresponde, entre otras funciones, practicar las inscripciones derivadas de resoluciones dictadas por la Dirección General de los Registros y del Notariado en los expedientes que son de su competencia. En cuanto a las Oficinas Consulares, su régimen jurídico no difiere sustancialmente del vigente.

La unidad de actuación queda garantizada mediante el carácter vinculante de las instrucciones, resoluciones y circulares de la Dirección General de los Registros y del Notariado, así como por el establecimiento de un sistema de recursos que sigue las reglas generales de la Ley 30/1992, de 26 de noviembre, de Régimen Jurídico de las Administraciones Públicas y del Procedimiento Administrativo Común, con la previsión expresa de un recurso ante la mencionada Dirección General.

IV

La Ley concibe el Registro Civil como un registro electrónico, en el que se practican asientos informáticos, que organiza la publicidad y da fe de los hechos y actos del estado civil. Desde esta concepción se incorpora el uso de las nuevas tecnologías y de la firma electrónica.

El régimen de la publicidad del Registro Civil se articula a partir de dos instrumentos: la certificación electrónica y el acceso de la Administración, en el ejercicio de sus funciones públicas, a la información registral. Este último se concibe como el instrumento preferente de publicidad, de tal forma que sólo en casos excepcionales el ciudadano deberá presentar certificaciones de datos del Registro Civil.

El carácter electrónico del Registro Civil no significa alterar la garantía de privacidad de los datos contenidos en el mismo. Aunque el Registro Civil está excluido del ámbito de aplicación de la Ley Orgánica 15/1999, de 13 de diciembre, de Protección de Datos de Carácter Personal, se presta una especial protección a los datos, en tanto contengan información que afecta a la esfera de la intimidad de la persona. Lo relevante es que los datos protegidos sólo pertenecen a su titular y a él corresponde autorizar que sean facilitados a terceros.

V

En relación con los aspectos sustantivos de la Ley, merece una mención especial el título VI, relativo a hechos y actos inscribibles. Respecto de la inscripción de nacimiento, se mantienen los criterios generales y se prevé la remisión de los datos del nacido a través de un documento oficial por los responsables de los centros sanitarios. A cada nacido se le abrirá un registro individual y le será asignado un código personal.

El nombre y apellidos se configura como un elemento de identidad del nacido derivado del derecho de la personalidad y como tal se incorpora a la inscripción de nacimiento. Con el fin de avanzar en la igualdad de género se prescinde de la histórica prevalencia del apellido paterno frente al materno permitiendo que ambos progenitores sean los que decidan el orden de los apellidos. Igualmente se sistematiza y agiliza el procedimiento de cambio de nombres y apellidos y se somete, como regla general, a la competencia del Encargado del Registro Civil. En cuanto a la filiación, se elimina toda referencia a la no matrimonial, con plena equiparación a la matrimonial.

La instrucción del expediente matrimonial y la celebración del matrimonio compete a los Ayuntamientos, los cuales deberán remitir de oficio la documentación preceptiva al Registro Civil. Los Cónsules autorizarán, celebrarán e inscribirán los matrimonios de españoles en el extranjero. No se modifica la comunicación al Registro Civil de los matrimonios celebrados en forma religiosa.

De modo similar a la del nacimiento se regula la inscripción de la defunción mediante la remisión del documento oficial, acompañado de parte médico, por los centros sanitarios. Se mantiene el requisito de la práctica previa de la inscripción de fallecimiento para proceder a la inhumación o incineración.

La descentralización introducida por la Constitución de 1978 está presente, no sólo desde el punto de vista territorial, sino también desde la perspectiva de la distribución de competencias. Así, se contempla el acceso al Registro Civil de actos regulados en algunos Derechos civiles especiales como, por ejemplo, las autotutelas, apoderamientos preventivos o especialidades en materia de régimen económico del matrimonio. Igualmente, se prevé la utilización de las lenguas cooficiales, tanto en la inscripción como en la expedición de certificaciones. Además, la Ley garantiza la adecuada coexistencia de la competencia estatal sobre Registro Civil y las de carácter ejecutivo que corresponden a las Comunidades Autónomas.

VI

La normativa de Derecho internacional privado se contiene en el título X de la Ley con una actualización de las soluciones jurídicas influidas por el avance de la legislación europea y la creciente importancia del elemento extranjero con acceso al Registro Civil. La coherencia del modelo exige a este respecto mantener la unidad, dentro de las particularidades inherentes a cada sector.

Una de las mayores novedades se centra en la inscripción de documentos judiciales extranjeros. De este modo, se permite no sólo la inscripción previo exequátur sino también la posibilidad de que el Encargado del Registro Civil realice la inscripción tras proceder a un reconocimiento incidental.

La complejidad inherente a las situaciones internacionales justifica que la inscripción de documentos extranjeros judiciales y no judiciales, así como de certificaciones extranjeras, corresponda con carácter exclusivo a la Oficina Central del Registro. La Oficina Central se configura además como la autoridad encargada en materia de cooperación internacional en todas aquellas materias sometidas a la Ley.

VII

El articulado se completa con disposiciones adicionales, transitorias y finales, así como con una disposición derogatoria.

Se deroga la Ley de Registro Civil de 8 de junio de 1957 que, no obstante, seguirá siendo aplicada en tanto quede extinguido el complejo régimen transitorio previsto en la Ley. De este modo se prevé un régimen de incorporación progresiva de los registros individuales y se mantienen temporalmente los efectos que el ordenamiento vigente atribuye al Libro de Familia. Igualmente se derogan expresamente los preceptos del Código civil que resultan incompatibles con las previsiones de la presente Ley.

En efecto, puesto que se prescindirá del Libro de Familia –que pierde sentido dentro del modelo moderno que se ha configurado en la presente Ley– se ha previsto que en cada registro individual conste una hoja o extracto en la que figuren los datos personales de la vida del individuo. Consecuentemente con este diseño de la hoja individual, y en la búsqueda de una mayor simplicidad y eficiencia del sistema, la Ley distingue entre las inscripciones, las anotaciones registrales y, por último, el asiento de cancelación.

Se modifica la Ley 1/2000, de 7 de enero, de Enjuiciamiento Civil, a fin de determinar el órgano judicial y el procedimiento para conocer de los recursos frente a las resoluciones de la Dirección General de los Registros y del Notariado en materia de estado civil. Dichas previsiones no serán de aplicación a los recursos frente a resoluciones relativas a la adquisición de nacionalidad por residencia, cuya regulación y competencia judicial no se modifica.

La desjudicialización del Registro Civil impone la derogación del artículo 86 de la Ley Orgánica 6/1985, de 1 de julio, del Poder Judicial –que se lleva a cabo a través de Ley Orgánica complementaria–, y de lo previsto en la Ley 38/1998, de 28 de diciembre, de Planta y Demarcación Judicial, respecto a los Registros Civiles.

La complejidad de la Ley y el cambio radical respecto al modelo anterior aconsejan un extenso plazo de vacatio legis, que se ha fijado en tres años, para permitir la progresiva puesta en marcha del nuevo modelo, evitando disfunciones en el tratamiento de la información registral y la implementación de la nueva estructura organizativa.

TÍTULO I
El Registro Civil. Disposiciones generales

Ver arts. 1 a 8 LRC-1957.

CAPÍTULO PRIMERO
Naturaleza, contenido y competencias del Registro Civil

ART. 1. Objeto de la Ley.

La presente Ley tiene por objeto la ordenación jurídica del Registro Civil.

En particular, tiene como finalidad regular la organización, dirección y funcionamiento del Registro Civil, el acceso de los hechos y actos que se hacen constar en el mismo y la publicidad y los efectos que se otorgan a su contenido.

ART. 2. Naturaleza y contenido del Registro Civil.

1. El Registro Civil es un registro público dependiente del Ministerio de Justicia. Todos los asuntos referentes al Registro Civil están encomendados a la Dirección General de los Registros y del Notariado.

Los Encargados del Registro Civil deben cumplir las órdenes, instrucciones, resoluciones y circulares del Ministerio de Justicia y de la Dirección General de los Registros y del Notariado.

2. El Registro Civil tiene por objeto hacer constar oficialmente los hechos y actos que se refieren al estado civil de las personas y aquellos otros que determine la presente Ley.

3. El contenido del Registro Civil está integrado por el conjunto de registros individuales de las personas físicas y por el resto de las inscripciones que se practiquen en el mismo conforme a lo previsto en la presente Ley.

ART. 3. Elementos definitorios del Registro Civil.

1. El Registro Civil es único para toda España.

2. El Registro Civil es electrónico. Los datos serán objeto de tratamiento automatizado y se integrarán en una base de datos única cuya estructura, organización y funcionamiento es competencia del Ministerio de Justicia conforme a la presente Ley y a sus normas de desarrollo.

3. Serán de aplicación al Registro Civil las medidas de seguridad establecidas en la normativa vigente en materia de protección de datos de carácter personal.

ART. 4. Hechos y actos inscribibles.

Tienen acceso al Registro Civil los hechos y actos que se refieren a la identidad, estado civil y demás circunstancias de la persona. Son, por tanto, inscribibles:

1.° El nacimiento.

2.° La filiación.

3.° El nombre y los apellidos y sus cambios.

4.° El sexo y el cambio de sexo.

5.° La nacionalidad y la vecindad civil.

6.° La emancipación y el beneficio de la mayor edad.

7.° El matrimonio. La separación, nulidad y divorcio.

8.° El régimen económico matrimonial legal o pactado.

9.° Las relaciones paterno-filiales y sus modificaciones.

10.° Los poderes y mandatos preventivos, la propuesta de nombramiento de curador y las medidas de apoyo previstas por una persona respecto de sí misma o de sus bienes.

11.° Las resoluciones judiciales dictadas en procedimientos de provisión de medidas judiciales de apoyo a personas con discapacidad.

12.° Los actos relativos a la constitución y régimen del patrimonio protegido de las personas con discapacidad.

13.° La tutela del menor y la defensa judicial del menor emancipado.

14.° Las declaraciones de concurso de las personas físicas y la intervención o suspensión de sus facultades.

15.° Las declaraciones de ausencia y fallecimiento.

16.° La defunción.

Ordinales 10.° a 16.° modificados por Ley 8/2021, de 2 de junio, por la que se reforma la legislación civil y procesal para el apoyo a las personas con discapacidad en el ejercicio de su capacidad jurídica. (BOE de 03-06-2021).

Ver art. 1 LRC-1957.

ART. 5. Registro individual.

1. Cada persona tendrá un registro individual en el que constarán los hechos y actos relativos a la identidad, estado civil y demás circunstancias en los términos de la presente Ley.

2. El registro individual se abrirá con la inscripción de nacimiento o con el primer asiento que se practique.

3. En dicho registro se inscribirán o anotarán, continuada, sucesiva y cronológicamente, todos los hechos y actos que tengan acceso al Registro Civil.

Ver art. 33 LRC-1957.

ART. 6. Código personal.

A cada registro individual abierto con el primer asiento que se practique se le asignará un código personal constituido por la secuencia alfanumérica generada por el Registro Civil, que será única e invariable en el tiempo.

> *Modificado por Ley 6/2021, de 28 de abril, por la que se modifica la Ley 20/2011, de 21 de julio, del Registro Civil. (BOE de 29-04-2021).*

ART. 7. Firma electrónica.

1. Los Encargados del Registro Civil dispondrán de certificados electrónicos cualificados. Mediante dichos certificados electrónicos se firmarán los asientos del Registro Civil con firma electrónica avanzada. Las certificaciones de las inscripciones electrónicas, o las que se expidan por medios electrónicos, serán selladas directamente por el sistema, con sello electrónico avanzado basado en un certificado de sello electrónico cualificado, salvo en los supuestos en que esta opción no sea posible, en cuyo caso serán firmadas por el Encargado con firma electrónica avanzada mediante su certificado electrónico cualificado.

Así mismo, el personal del Registro Civil que se determine reglamentariamente podrá disponer de certificado electrónico cualificado con firma electrónica avanzada.

2. Se garantizará la verificabilidad de las firmas y sellos electrónicos de dichos asientos, incluso una vez haya caducado o se haya revocado el certificado con el cual se practicó el asiento, mediante la utilización de formatos o servicios que preserven la longevidad de firmas y sellos electrónicos durante el tiempo exigido por la legislación vigente.

3. Las personas podrán identificarse electrónicamente ante el Registro Civil a través de cualquiera de los sistemas previstos en el artículo 9 de la Ley 39/2015, de 1 de octubre, del Procedimiento Administrativo Común de las Administraciones Públicas, así como en la normativa vigente en materia de identificación y firma electrónica.

> *Modificado por Ley 6/2021, de 28 de abril, por la que se modifica la Ley 20/2011, de 21 de julio, del Registro Civil. (BOE de 29-04-2021).*

ART. 8. Comunicación entre las Oficinas del Registro Civil y con las Administraciones Públicas.

1. Las Oficinas del Registro Civil se comunicarán entre sí a través de medios electrónicos.

2. Todas las Administraciones y funcionarios públicos, en el ejercicio de sus competencias y bajo su responsabilidad, tendrán acceso a los datos que consten en el Registro Civil único con las excepciones relativas a los datos especialmente protegidos previstas en esta Ley. Dicho acceso se efectuará igualmente mediante procedimientos electrónicos con los requisitos y prescripciones técnicas que sean establecidas dentro del Esquema Nacional de Interoperabilidad y del Esquema Nacional de Seguridad.

ART. 9. Competencias generales del Registro Civil.

En el Registro Civil constarán los hechos y actos inscribibles que afectan a los españoles y los referidos a extranjeros, acaecidos en territorio español.

Igualmente, se inscribirán los hechos y actos que hayan tenido lugar fuera de España, cuando las correspondientes inscripciones sean exigidas por el Derecho español.

> *Ver arts. 15 y 16 LRC-1957.*

ART. 10. Reglas de competencia.

1. La solicitud de inscripción y la práctica de la misma se podrán efectuar en cualquiera de las Oficinas Generales del Registro Civil con independencia del lugar en el que se produzcan los hechos o actos inscribibles. Si se producen en el extranjero, la inscripción se solicitará y, en su caso, se practicará en la Oficina Consular de la circunscripción correspondiente. En este último caso, la inscripción también se podrá solicitar y practicar en cualquiera de las Oficinas Generales.

2. Los ciudadanos podrán solicitar en cualquiera de las Oficinas del Registro Civil o por medios electrónicos el acceso a la información contenida en el mismo a través de los medios de publicidad previstos en esta Ley.

Apdo. 2 modificado por Ley 6/2021, de 28 de abril, por la que se modifica la Ley 20/2011, de 21 de julio, del Registro Civil. (BOE de 29-04-2021).

Ver art. 16 LRC-1957.

CAPÍTULO SEGUNDO
Derechos y deberes ante el Registro Civil

ART. 11. Derechos ante el Registro Civil.

Son derechos de las personas ante el Registro Civil:

a) El derecho a un nombre y a ser inscrito mediante la apertura de un registro individual y la asignación de un código personal.

b) El derecho a la inscripción de los hechos y actos que se refieren a su identidad, estado civil y demás circunstancias personales que la Ley prevea.

c) El derecho a acceder a la información que solicite sobre el contenido del Registro, con las limitaciones previstas en la presente Ley.

d) El derecho a obtener certificaciones.

e) El derecho a la intimidad en relación con datos especialmente protegidos sometidos a régimen de publicidad restringida.

f) El derecho a acceder a los servicios del Registro Civil en cualquiera de las Oficinas Generales o Consulares del Registro Civil.

g) El derecho a utilizar ante el Registro Civil cualquiera de las lenguas oficiales en el lugar donde radique la Oficina.

h) El derecho a la igualdad de género y al pleno reconocimiento del principio de igualdad, en todas sus manifestaciones, en materia de Derecho del Registro Civil.

i) El derecho a promover la inscripción de determinados hechos y actos dirigidos a la protección de los menores, las personas mayores y otras personas respecto de las cuales la inscripción registral supone una particular garantía de sus derechos.

j) El derecho a promover la rectificación o modificación de los asientos registrales en los casos legal o reglamentariamente previstos.

k) El derecho a interponer recursos en los términos previstos en la presente Ley.

l) El derecho a acceder a los servicios del Registro Civil con garantía de los principios de accesibilidad universal y diseño para todas las personas.

Letra i) modificada por Ley 8/2021, de 2 de junio, por la que se reforma la legislación civil y procesal para el apoyo a las personas con discapacidad en el ejercicio de su capacidad jurídica. (BOE de 03-06-2021).

ART. 12. Deberes ante el Registro Civil.

Son deberes de las personas ante el Registro Civil:

a) El deber de promover la práctica de los asientos registrales en los casos previstos en la presente Ley.

b) El deber de instar la inscripción cuando ésta tenga carácter constitutivo en los casos legalmente previstos.

c) El deber de comunicar los hechos y actos inscribibles conforme a lo previsto en la presente Ley.

d) El deber de presentar la documentación necesaria cuando los datos correspondientes no obren en poder de las Administraciones Públicas.

e) El deber de suministrar datos veraces y exactos en las solicitudes de inscripción o en cumplimiento de los deberes a los que se refieren los números anteriores.

f) El deber de cooperar en el buen funcionamiento del Registro Civil como servicio público.

TÍTULO II
Principios de funcionamiento del Registro Civil

ART. 13. Principio de legalidad.

Los Encargados del Registro Civil comprobarán de oficio la realidad y legalidad de los hechos y actos cuya inscripción se pretende, según resulte de los documentos que los acrediten y certifiquen, examinando en todo caso la legalidad y exactitud de dichos documentos.

Ver art. 26 LRC-1957.

ART. 14. Principio de oficialidad.

Los Encargados del Registro Civil deberán practicar la inscripción oportuna cuando tengan en su poder los títulos necesarios.

Las personas físicas y jurídicas y los organismos e instituciones públicas que estén obligados a promover las inscripciones facilitarán a los Encargados del Registro Civil los datos e información necesarios para la práctica de aquéllas.

Ver art. 24 LRC-1957.

ART. 15. Principio de publicidad.

1. Los ciudadanos tendrán libre acceso a los datos que figuren en su registro individual.
2. El Registro Civil es público. Las Administraciones y funcionarios públicos, para el desempeño de sus funciones y bajo su responsabilidad, podrán acceder a los datos contenidos en el Registro Civil.
3. También podrá obtenerse información registral, por los medios de publicidad previstos en los artículos 80 y siguientes de la presente Ley, cuando se refieran a persona distinta del solicitante, siempre que conste la identidad del solicitante y exista un interés legítimo.
4. Quedan exceptuados del régimen general de publicidad los datos especialmente protegidos, que estarán sometidos al sistema de acceso restringido al que se refieren los artículos 83 y 84 de la presente Ley.

Ver art. 6 LRC-1957.

ART. 16. Presunción de exactitud.

1. Los Encargados del Registro Civil están obligados a velar por la concordancia entre los datos inscritos y la realidad extrarregistral.
2. Se presume que los hechos inscritos existen y los actos son válidos y exactos mientras el asiento correspondiente no sea rectificado o cancelado en la forma prevista por la ley.
3. Cuando se impugnen judicialmente los actos y hechos inscritos en el Registro Civil, deberá instarse la rectificación del asiento correspondiente.

Ver arts. 3, 4 y 26 LRC-1957.

ART. 17. Eficacia probatoria de la inscripción.

1. La inscripción en el Registro Civil constituye prueba plena de los hechos inscritos.
2. Sólo en los casos de falta de inscripción o en los que no fuera posible certificar del asiento, se admitirán otros medios de prueba.

En el primer caso, será requisito indispensable para su admisión la acreditación de que previa o simultáneamente se ha instado la inscripción omitida o la reconstrucción del asiento, y no su mera solicitud.

Ver arts. 2 y 17 LRC-1957.

ART. 18. Eficacia constitutiva de la inscripción en el Registro Civil.

La inscripción en el Registro Civil sólo tendrá eficacia constitutiva en los casos previstos por la Ley.

ART. 19. Presunción de integridad. Principio de inoponibilidad.

1. El contenido del Registro Civil se presume íntegro respecto de los hechos y actos inscritos.

2. En los casos legalmente previstos, los hechos y actos inscribibles conforme a las prescripciones de esta Ley serán oponibles a terceros desde que accedan al Registro Civil.

TÍTULO III
Estructura y dependencia del Registro Civil

Ver arts. 9 a 14 LRC-1957.

CAPÍTULO PRIMERO
Oficinas del Registro Civil

ART. 20. Estructura del Registro Civil.

1. El Registro Civil depende del Ministerio de Justicia y se organiza en:

1.º Oficina Central.

2.º Oficinas Generales.

3.º Oficinas Consulares.

2. Las inscripciones y demás asientos registrales serán practicados por los Encargados de las Oficinas del Registro Civil.

Bajo su responsabilidad y en los términos y con los límites que reglamentariamente se determinen, el Encargado podrá delegar funciones en el personal al servicio de la Oficina del Registro Civil.

3. Los ciudadanos podrán presentar la solicitud y la documentación requerida ante cualquier Oficina del Registro Civil o remitirla electrónicamente. Igualmente, podrán presentar en las Oficinas Colaboradoras la solicitud y la documentación necesaria para las actuaciones ante el Registro Civil.

Modificado por Ley 6/2021, de 28 de abril, por la que se modifica la Ley 20/2011, de 21 de julio, del Registro Civil. (BOE de 29-04-2021).

ART. 21. Oficina Central del Registro Civil.

1. El Ministerio de Justicia designará a los Encargados de la Oficina Central del Registro Civil.

2. La Oficina Central del Registro Civil desempeña las siguientes funciones:

1.ª Practicar las inscripciones que se deriven de resoluciones dictadas por la Dirección General de los Registros y del Notariado, referidas a hechos o actos susceptibles de inscripción en el Registro Civil.

2.ª Practicar la inscripción de los documentos auténticos extranjeros judiciales y extrajudiciales y certificaciones de asientos extendidos en Registros extranjeros, salvo aquellos cuya competencia pueda corresponder a las Oficinas Consulares del Registro Civil.

3.ª Practicar la inscripción de fallecimiento de las personas de nacionalidad extranjera al servicio de las Fuerzas Armadas y de las Fuerzas y Cuerpos de Seguridad, siempre que dicho fallecimiento hubiera ocurrido durante una misión u operación fuera de España y que el sistema registral del Estado donde se produjo el hecho no practicare la pertinente inscripción. Lo anterior será sin perjuicio de trasladar la inscripción realizada al Registro del Estado del cual fuere nacional la persona fallecida.

4.ª También desempeñará todas aquellas funciones que le sean atribuidas por las leyes.

3. La Oficina Central es la autoridad encargada en materia de cooperación internacional sobre Registro Civil en los términos previstos por los instrumentos internacionales aplicables en España y la presente Ley.

Modificado por Ley 6/2021, de 28 de abril, por la que se modifica la Ley 20/2011, de 21 de julio, del Registro Civil. (BOE de 29-04-2021).

ART. 22. Oficinas Generales del Registro Civil.

1. Existirá una Oficina General del Registro Civil en todas las poblaciones que sean sede de la capital de un partido judicial.

2. Al frente de cada Oficina General del Registro Civil estará un Encargado del Registro Civil, que ejercerá sus cometidos bajo la dependencia funcional de la Dirección General de Seguridad Jurídica y Fe Pública. Por necesidades del servicio se podrá designar más de un Encargado en una Oficina, en cuyo caso se incluirá en la correspondiente relación de puestos de trabajo la consideración de uno de los puestos de encargado como Encargado coordinador sin relevación de funciones, a efectos de organización interna y distribución de tareas conforme a las instrucciones o protocolos que apruebe la Dirección General de Seguridad Jurídica y Fe Pública.

3. Son funciones de las Oficinas Generales del Registro Civil:

a) Recibir y documentar declaraciones de conocimiento y de voluntad en materias propias de su competencia, así como expedir certificaciones.

b) Recibir por vía electrónica o presencial solicitudes o formularios, así como otros documentos que sirvan de título para practicar un asiento en el Registro Civil.

c) Tramitar y resolver los expedientes de Registro Civil que les atribuya el ordenamiento jurídico.

d) Practicar las inscripciones y demás asientos de su competencia.

e) Expedir certificaciones de los asientos registrales.

f) Cualesquiera otras funciones que les atribuya la Dirección General de Seguridad Jurídica y Fe Pública.

Modificado por Ley 6/2021, de 28 de abril, por la que se modifica la Ley 20/2011, de 21 de julio, del Registro Civil. (BOE de 29-04-2021).

ART. 23. Oficinas Consulares del Registro Civil.

Las Oficinas Consulares del Registro Civil estarán a cargo de los Cónsules de España o, en su caso, de los funcionarios diplomáticos encargados de las Secciones consulares de la Misión Diplomática.

ART. 24. Funciones de las Oficinas Consulares del Registro Civil.

Son funciones de los Registros Consulares:

1.ª Inscribir los hechos y actos relativos a españoles acaecidos en su circunscripción consular, así como los documentos extranjeros judiciales y no judiciales y certificaciones de Registros Civiles extranjeros que sirvan de título para practicar la inscripción.

2.ª Expedir certificaciones de los asientos registrales.

3.ª Recibir y documentar declaraciones de conocimiento y de voluntad en materias propias de su competencia.

4.ª Instruir el expediente previo de matrimonio, así como expedir los certificados de capacidad necesarios para su celebración en el extranjero.

5.ª Comunicar a la Dirección General de los Registros y del Notariado la legislación extranjera vigente en materia vinculada al estado civil de las personas.

CAPÍTULO SEGUNDO
La Dirección General de los Registros y del Notariado

ART. 25. La Dirección General de los Registros y del Notariado.

La Dirección General de los Registros y del Notariado es el centro directivo y consultivo del Registro Civil de España.

ART. 26. Funciones de la Dirección General de los Registros y del Notariado en el Registro Civil.

En materia de Registro Civil, son funciones de la Dirección General de los Registros y del Notariado las siguientes:

1.ª Promover la elaboración de disposiciones de carácter general.

2.ª Dictar las instrucciones, resoluciones y circulares que estime procedentes en los asuntos de su competencia, que tendrán carácter vinculante.

3.ª Supervisar y coordinar el cumplimiento de las normas registrales por el Encargado y demás personal al servicio de las Oficinas del Registro Civil.

4.ª Resolver los recursos legalmente previstos y atender las consultas que se planteen acerca de la interpretación y ejecución de la legislación en materia de Registro Civil.

5.ª Resolver los expedientes de su competencia en materia de Registro Civil.

6.ª Ordenar la planificación estratégica, y coordinar las actuaciones en esta materia con otras Administraciones e instituciones públicas o privadas.

7.ª Implantar y elaborar programas de calidad del servicio público que presta el Registro Civil.

8.ª Cualesquiera otras que le atribuyan las leyes.

TÍTULO IV
Títulos que acceden al Registro Civil. Control de legalidad

CAPÍTULO PRIMERO
Títulos que acceden al Registro Civil

ART. 27. Documentos auténticos para practicar inscripciones.

1. El documento auténtico, sea original o testimonio, sea judicial, administrativo, notarial o registral, es título suficiente para inscribir el hecho o acto que accede al Registro Civil.

También es título suficiente para practicar la inscripción el documento extranjero que cumpla los requisitos establecidos en los artículos 96 y 97 de la presente Ley.

2. Las resoluciones judiciales firmes son títulos suficientes para inscribir el hecho o acto que constituyen o declaran. Si contradicen hechos inscritos, debe practicarse la rectificación correspondiente.

3. Los documentos a los que se refieren los dos apartados anteriores podrán presentarse en cualquier soporte, incluido el electrónico, siempre que cumplan los requisitos, formato y eficacia previstos en sus respectivas normas reguladoras.

4. Los documentos presentados en las Oficinas del Registro Civil y en las Oficinas Colaboradoras se custodiarán y conservarán en los términos establecidos por la normativa reguladora de esta materia para las Administraciones Públicas.

Apdo. 4 modificado por Ley 6/2021, de 28 de abril, por la que se modifica la Ley 20/2011, de 21 de julio, del Registro Civil. (BOE de 29-04-2021).

Ver art. 23 LRC-1957.

ART. 28. Certificaciones de Registros extranjeros.

Para practicar inscripciones sin expediente, en virtud de certificación de Registro extranjero, será necesario el cumplimiento de los requisitos establecidos en la normativa aplicable para que tenga eficacia en España.

ART. 29. Declaraciones de las personas obligadas.

1. Las declaraciones en virtud de las cuales hayan de practicarse los asientos se consignarán en acta firmada por el funcionario competente de la Oficina General o Consular y por los declarantes, o bien mediante la cumplimentación del formulario oficialmente aprobado.

2. La verificación de las declaraciones comprenderá la capacidad e identidad del declarante.

Ver art. 27 LRC-1957.

CAPÍTULO SEGUNDO
Control de legalidad

ART. 30. Control de legalidad de los documentos.

1. Los obligados a promover la inscripción sólo tendrán que aportar los documentos exigidos por la ley cuando los datos incorporados a los mismos no constaren en el Registro Civil o no pudieran ser facilitados por otras Administraciones o funcionarios públicos.

2. El Encargado de la Oficina del Registro Civil ante el que se solicita la inscripción deberá controlar la legalidad de las formas extrínsecas del documento, la validez de los actos y la realidad de los hechos contenidos en éste.

La calificación de las sentencias y resoluciones judiciales recaerá sobre la competencia y clase del procedimiento seguido, formalidades extrínsecas de los documentos presentados y asientos del propio Registro.

3. Si el Encargado de la Oficina del Registro Civil tuviere fundadas dudas sobre la legalidad de los documentos, sobre la veracidad de los hechos o sobre la exactitud de las declaraciones, realizará antes de extender la inscripción, y en el plazo de diez días, las comprobaciones oportunas.

Si de la verificación de los documentos y declaraciones efectuadas se dedujera una contradicción esencial entre el Registro y la realidad, el Encargado del Registro Civil lo pondrá en conocimiento del Ministerio Fiscal y lo advertirá a los interesados.

Ver art. 24 LRC-1957.

ART. 31. Examen de las solicitudes de inscripción y de las declaraciones.

En el examen de las solicitudes y de las declaraciones que se formulen, la Oficina Consular o General del Registro Civil verificará la identidad y capacidad de los solicitantes o declarantes y, en su caso, comprobará la autenticidad de la firma.

Ver art. 27 LRC-1957.

ART. 32. Constancia de solicitudes y declaraciones efectuadas en las Oficinas del Registro Civil.

1. Las solicitudes y declaraciones que formulen los ciudadanos a través de cualquiera de los medios previstos en esta Ley ante las Oficinas del Registro Civil quedarán debidamente registradas en la forma que reglamentariamente se determine.

En todo caso, deberá quedar constancia de la identidad y domicilio del solicitante o declarante, del Documento nacional de identidad o Número de identificación del extranjero, de la fecha en la que se ha formulado la solicitud o declaración, del contenido de ésta y de la actuación del funcionario de la oficina a la que se haya dirigido.

2. A esta información deberán acceder todas las Oficinas del Registro Civil, que denegarán al interesado la inscripción solicitada o la recepción de la declaración sobre la que el funcionario o funcionarios competentes de una oficina ya se hubiera pronunciado o hubiese sido requerida para hacerlo.

TÍTULO V
Los asientos registrales

Ver arts. 23 a 39 LRC-1957.

CAPÍTULO PRIMERO
Competencia para efectuar los asientos

ART. 33. Regla general para la práctica de los asientos.

1. El Encargado de la Oficina del Registro Civil ante el que se presente el título o se formule la declaración practicará los asientos correspondientes de oficio o dictará resolución denegándolos en el plazo de cinco días. La inscripción de la defunción, no existiendo obstáculo legal, se practicará en el mismo día de la presentación de la documentación. En las Oficinas Consulares del Registro Civil, para las inscripciones referentes a nacionalidad y matrimonio, los asientos se practicarán en el plazo más breve posible.

2. Sin perjuicio de lo dispuesto en el apartado anterior, el Encargado de la Oficina Central practicará los asientos a los que den lugar las resoluciones dictadas en los expedientes para cuya tramitación y resolución sea competente el Ministerio de Justicia.

ART. 34. Asientos de resoluciones judiciales.

El letrado de la Administración de Justicia del órgano judicial que haya dictado una resolución cuyo contenido deba causar asiento en el Registro Civil por afectar al estado civil de las personas, deberá remitir por medios electrónicos a la Oficina del Registro Civil testimonio o copia electrónica de la resolución judicial referida.

Modificado por Ley 6/2021, de 28 de abril, por la que se modifica la Ley 20/2011, de 21 de julio, del Registro Civil. (BOE de 29-04-2021).

ART. 35. Inscripción de documentos notariales.

Los Notarios, dentro de su ámbito de competencias, remitirán por medios electrónicos a la Oficina General del Registro Civil los documentos públicos que den lugar a asiento en el Registro Civil.

CAPÍTULO SEGUNDO
Reglas generales para la práctica de asientos

Ver art. 30 LRC-1957.

ART. 36. Asientos electrónicos.

1. En el Registro Civil todos los asientos se extenderán en soporte y formato electrónico. Dichos asientos deberán ajustarse a los modelos aprobados por la Dirección General de los Registros y del Notariado.

2. En circunstancias excepcionales y cuando no sea posible practicar asientos electrónicos, el asiento podrá efectuarse en soporte papel. En este caso, se trasladará al formato electrónico con la mayor celeridad posible.

3. Los asientos en el Registro Civil deben archivarse después de su cierre en un registro electrónico de seguridad.

ART. 37. Lenguas oficiales.

Los ciudadanos que insten la inscripción de un hecho o acto en el Registro Civil, podrán solicitar que la misma se practique en cualquiera de las lenguas oficiales del lugar donde radique la Oficina General del Registro Civil.

CAPÍTULO TERCERO
Clases de asientos

ART. 38. Clases de asientos.

Los asientos del Registro Civil son las inscripciones, las anotaciones y las cancelaciones.

ART. 39. Inscripciones.

1. La inscripción es la modalidad de asiento a través de la cual acceden al Registro Civil los hechos y actos relativos al estado civil de las personas y aquellos otros determinados por esta Ley.

2. Los efectos de la inscripción son los previstos en los artículos 17 y 18 de la presente Ley.

Ver art. 35 LRC-1957.

ART. 40. Anotaciones registrales.

1. Las anotaciones registrales son la modalidad de asiento que en ningún caso tendrá el valor probatorio que proporciona la inscripción. Tendrán un valor meramente informativo, salvo los casos en que la Ley les atribuya valor de presunción.

2. Las anotaciones registrales se extenderán a petición del Ministerio Fiscal o de cualquier interesado.

3. Pueden ser objeto de anotación los siguientes hechos y actos:

1.° El procedimiento judicial, administrativo o registral en trámite que pueda afectar al contenido del Registro Civil.

2.° El hecho cuya inscripción no pueda extenderse por no resultar, en alguno de sus extremos, legalmente acreditado.

3.° Las declaraciones con valor de presunción.

4.° El hecho o acto relativo a españoles o acaecido en España que afecte a su estado civil, según la ley extranjera.

5.° La sentencia o resolución extranjera que afecte al estado civil, en tanto no se obtenga el exequátur o el reconocimiento incidental en España.

6.° La sentencia o resolución canónica cuya ejecución en cuanto a efectos civiles no haya sido decretada aún por el Tribunal correspondiente.

7.° La desaparición.

8.° Las actuaciones tutelares y de otras figuras tuitivas previstas en la Ley, en los casos que reglamentariamente se determinen.

9.° El acogimiento, la guarda administrativa y la guarda de hecho.

10.° Aquellos otros hechos o actos cuya anotación se prevea en esta u otra ley.

Ver art. 38 LRC-1957.

ART. 41. Cancelaciones.

Los asientos de cancelación privan de eficacia, total o parcial, al asiento registral de cualquier clase por nulidad del propio asiento, por ineficacia o inexistencia del hecho o del acto o por cualquier otra causa establecida por la ley.

La cancelación se practicará en virtud de título adecuado, ya sea de oficio o a solicitud del interesado.

CAPÍTULO CUARTO
Promoción de la inscripción y de otros asientos

ART. 42. Personas obligadas a promover la inscripción.

1. Están obligados a promover sin demora la inscripción:

1.° Los designados en cada caso por la ley.

2.° Aquellos a quienes se refiere el hecho inscribible, sus herederos o representantes legales.

3.° El Ministerio Fiscal en el ejercicio de sus funciones con arreglo a las previsiones de esta Ley.

2. Las autoridades y funcionarios no comprendidos en el número anterior, a quienes consten por razón de sus cargos los hechos no inscritos, están obligados a comunicarlos al Ministerio Fiscal.

Ver art. 24 LRC-1957.

ART. 43. Comunicación de hechos y actos al Registro Civil.

Las personas obligadas a promover la inscripción deberán comunicar los hechos y actos inscribibles, bien mediante la presentación de los formularios oficiales debidamente cumplimentados, bien mediante su remisión por medios electrónicos en la forma que reglamentariamente se determine, acompañando los documentos acreditativos que en cada caso se establezca.

También procederá la inscripción a instancia de cualquier persona que presente título suficiente.

TÍTULO VI
Hechos y actos inscribibles

CAPÍTULO PRIMERO
Inscripción de nacimiento

Ver arts. 40 a 62 LRC-1957.

Sección 1.ª Hecho inscribible y personas obligadas a promover la inscripción

ART. 44. Inscripción de nacimiento y filiación.

1. Son inscribibles los nacimientos de las personas, conforme a lo previsto en el artículo 30 del Código Civil.

2. La inscripción hace fe del hecho, fecha, hora y lugar del nacimiento, identidad, sexo y, en su caso, filiación del inscrito.

3. La inscripción de nacimiento se practicará en virtud de declaración formulada en documento oficial debidamente firmado por el o los declarantes, acompañada del parte facultativo. A tal fin, el médico, el enfermero especialista en enfermería obstétrico-ginecológica o el enfermero que asista al nacimiento, dentro o fuera del establecimiento sanitario, comprobará, por cualquiera de los medios admitidos en derecho, la identidad de la madre del recién nacido a los efectos de su inclusión en el parte facultativo. Los progenitores realizarán su declaración mediante la cumplimentación del correspondiente formulario oficial, en el que se contendrán las oportunas advertencias sobre el valor de tal declaración conforme a las normas sobre determinación legal de la filiación.

En defecto del parte facultativo, deberá aportarse la documentación acreditativa en los términos que reglamentariamente se determinen.

El Encargado del Registro Civil, una vez recibida y examinada la documentación, practicará inmediatamente la inscripción de nacimiento. Tal inscripción determinará la apertura de un nuevo registro individual, al que se asignará un código personal en los términos previstos en el artículo 6.

4. La filiación se determinará, a los efectos de la inscripción de nacimiento, de conformidad con lo establecido en las leyes civiles y en la Ley 14/2006, de 26 de mayo, sobre técnicas de reproducción humana asistida.

Salvo en los casos a que se refiere el artículo 48, en toda inscripción de nacimiento ocurrida en España se hará constar necesariamente la filiación materna, aunque el acceso a la misma será restringido en los supuestos en que la madre por motivos fundados así lo solicite y siempre que renuncie a ejercer los derechos derivados de dicha filiación. En caso de discordancia entre la declaración y el parte facultativo o comprobación reglamentaria, prevalecerá este último.

La filiación del padre o de la madre no gestante en el momento de la inscripción del hijo, se hará constar:

a) Cuando conste debidamente acreditado el matrimonio con la madre gestante y resulte conforme con las presunciones de paternidad del marido establecidas en la legislación civil o, aun faltando aquellas y también si la madre estuviere casada con otra mujer, en caso de que concurra el consentimiento de ambos cónyuges, aunque existiera separación legal o de hecho.

b) Cuando el padre o la madre no gestante manifieste su conformidad a la determinación de tal filiación, siempre que la misma no resulte contraria a las presunciones establecidas en la legislación civil y no existiere controversia. Deberán cumplirse, además, las condiciones previstas en la legislación civil para su validez y eficacia.

En los supuestos en los que se constate que la madre tiene vínculo matrimonial con persona distinta de la que figura en la declaración o sea de aplicación la presunción prevista en el artículo 116 del Código Civil se practicará la inscripción de nacimiento de forma inmediata solo con la filiación materna y se procederá a la apertura de un expediente registral para la determinación de la filiación paterna.

5. En los casos de filiación adoptiva se hará constar, conforme a la legislación aplicable, la resolución judicial o administrativa que constituya la adopción, quedando sometida al régimen de publicidad restringida previsto en la presente ley.

6. El reconocimiento de la filiación no matrimonial con posterioridad a la inscripción de nacimiento podrá hacerse en cualquier tiempo con arreglo a las formas establecidas en la legislación civil aplicable. Si se realizare mediante declaración del padre o madre no gestante ante el encargado del Registro Civil, se requerirá el consentimiento expreso de la madre o persona trans gestante y del representante legal si fuera menor de edad o de la persona a la que se reconoce si fuera mayor. Si se tratare de personas con discapacidad respecto de las cuales se hubiesen establecido medidas de apoyo, se estará a lo que resulte de la resolución judicial que las haya establecido o del documento notarial en el que se hayan previsto o acordado. Para que sea posible la inscripción deberán concurrir, además, los requisitos para la validez o eficacia del reconocimiento exigidos por la legislación civil.

Podrá inscribirse la filiación mediante expediente aprobado por el Encargado del Registro Civil, siempre que no haya oposición del Ministerio Fiscal o de parte interesada notificada personal y obligatoriamente, si concurre alguna de las siguientes circunstancias:

1.ª Cuando exista escrito indubitado del padre o de la madre en que expresamente reconozca la filiación.

2.ª Cuando el hijo se halle en la posesión continua del estado de hijo del padre o de la madre, justificada por actos directos del mismo padre o de su familia.

3.ª Respecto de la madre o persona trans gestante, siempre que se pruebe cumplidamente el hecho del parto y la identidad del hijo.

Formulada oposición, la inscripción de la filiación solo podrá obtenerse por el procedimiento regulado en la Ley de Enjuiciamiento Civil.

7. En los supuestos de controversia y en aquellos otros que la ley determine, para hacer constar la filiación paterna se requerirá previa resolución judicial dictada conforme a las disposiciones previstas en la legislación procesal.

8. Una vez practicada la inscripción, el Encargado expedirá certificación literal electrónica de la inscripción de nacimiento y la pondrá a disposición del declarante o declarantes.

Modificado por Ley 4/2023, de 28 de febrero, para la igualdad real y efectiva de las personas trans y para la garantía de los derechos de las personas LGTBI. (BOE de 01-03-2023).

Artículo anteriormente modificado por Ley 8/2021, de 2 de junio, por la que se reforma la legislación civil y procesal para el apoyo a las personas con discapacidad en el ejercicio de su capacidad jurídica. (BOE de 03-06-2021).

Artículo anteriormente modificado por Ley 19/2015, de 13 de julio, de medidas de reforma administrativa en el ámbito de la Administración de Justicia y del Registro Civil. (BOE de 14-07-2015). Ver D.T. 2.ª de esta norma en cuanto a la aplicación transitoria.

Este artículo entró en vigor el 15/10/2015.

ART. 45. Obligados a promover la inscripción de nacimiento.

Están obligados a promover la inscripción de nacimiento:

1. La dirección de hospitales, clínicas y establecimientos sanitarios.
2. El personal médico o sanitario que haya atendido el parto, cuando éste haya tenido lugar fuera de establecimiento sanitario.
3. Los progenitores. No obstante, en caso de renuncia al hijo en el momento del parto, la madre no tendrá esta obligación, que será asumida por la Entidad Pública correspondiente.
4. El pariente más próximo o, en su defecto, cualquier persona mayor de edad presente en el lugar del alumbramiento al tiempo de producirse.

Modificado por Ley 19/2015, de 13 de julio, de medidas de reforma administrativa en el ámbito de la Administración de Justicia y del Registro Civil. (BOE de 14-07-2015). Ver D.T. 2.ª de esta norma en cuanto a la aplicación transitoria.

Ver art. 24 LRC-1957.

Este artículo entró en vigor el 15/10/2015.

ART. 46. Comunicación del nacimiento por los centros sanitarios.

La dirección de hospitales, clínicas y establecimientos sanitarios comunicará en el plazo de setenta y dos horas a la Oficina del Registro Civil que corresponda cada uno de los nacimientos que hayan tenido lugar en el centro sanitario, excepto aquellos casos que exijan personarse ante el Encargado del Registro Civil. El personal sanitario que asista al nacimiento deberá adoptar, bajo su responsabilidad, las cautelas necesarias para asegurar la identificación del recién nacido y efectuará las comprobaciones que establezcan de forma indubitada la relación de filiación materna, incluyendo, en su caso, las pruebas biométricas, médicas y analíticas que resulten necesarias para ello conforme a la legislación reguladora de las historias clínicas. En todo caso se tomarán las dos huellas plantares del recién nacido junto a las huellas dactilares de la madre para que figuren en el mismo documento. En la inscripción que del nacimiento se practique en el Registro Civil se hará constar la realización de dichas pruebas y el centro sanitario que inicialmente conserve la información relacionada con las mismas, sin perjuicio del traslado de esta información a los archivos definitivos de la administración correspondiente cuando proceda.

Cumplidos los requisitos, la comunicación se realizará mediante la remisión electrónica del formulario oficial de declaración debidamente cumplimentado por el centro sanitario y firmado por la persona o personas que tengan la obligación de comunicar el nacimiento, que comprenderá la identificación y nacionalidad de los declarantes, y sus declaraciones relativas al nombre elegido para el recién nacido, el orden de sus apellidos y su filiación paterna. A este formulario se incorporará el parte acreditativo del nacimiento firmado por el facultativo que hubiese asistido al parto. Dicha remisión será realizada por personal del centro sanitario, que usará para ello mecanismos seguros de identificación y firma electrónicos.

Simultáneamente a la presentación de los citados formularios oficiales, se remitirán al Instituto Nacional de Estadística los datos requeridos a efectos de las competencias asignadas por la Ley a dicho Instituto.

Los firmantes estarán obligados a acreditar su identidad ante el personal sanitario que hubiere asistido al nacimiento, bajo la responsabilidad del mismo, por los medios admitidos en Derecho.

Modificado por Ley 19/2015, de 13 de julio, de medidas de reforma administrativa en el ámbito de la Administración de Justicia y del Registro Civil. (BOE de 14-07-2015). Ver D.T. 2.ª de esta norma en cuanto a la aplicación transitoria.

Ver art. 24 LRC-1957.

Este artículo entró en vigor el 15/10/2015.

ART. 47. Inscripción de nacimiento por declaración de otras personas obligadas.

1. Respecto de los nacimientos que se hayan producido fuera de establecimiento sanitario, o cuando por cualquier causa no se haya remitido el documento en el plazo y condiciones previstos en el artículo anterior, los obligados a promover la inscripción dispondrán de un plazo de diez días para declarar el nacimiento ante la Oficina del Registro Civil o las Oficinas Consulares de Registro Civil.

2. La declaración se efectuará presentando el documento oficial debidamente cumplimentado acompañado del certificado médico preceptivo firmado electrónicamente por el facultativo o, en su defecto, del documento acreditativo en los términos que reglamentariamente se determinen.

3. Para inscribir la declaración, cuando haya transcurrido desde el nacimiento el plazo previsto, se precisará resolución dictada en expediente registral.

Modificado por Ley 19/2015, de 13 de julio, de medidas de reforma administrativa en el ámbito de la Administración de Justicia y del Registro Civil. (BOE de 14-07-2015). Ver D.T. 2.ª de esta norma en cuanto a la aplicación transitoria.

Ver art. 24 LRC-1957.

Este artículo entró en vigor el 15/10/2015.

ART. 48. Menores abandonados y menores no inscritos.

1. Las entidades públicas de las Comunidades Autónomas competentes en materia de protección de menores deberán promover sin demora la inscripción de menores en situación de desamparo por abandono, sea o no conocida su filiación, así como la inscripción de la tutela administrativa que, en su caso, asuman, sin perjuicio de la anotación de la guarda que deban asumir.

2. El Ministerio Fiscal promoverá igualmente la inscripción de menores no inscritos.

Sección 2.ª Contenido de la inscripción de nacimiento

ART. 49. Contenido de la inscripción de nacimiento y atribución de apellidos.

1. En la inscripción de nacimiento constarán los datos de identidad del nacido consistentes en el nombre que se le impone y los apellidos que le correspondan según su filiación. Constarán asimismo el lugar, fecha y hora del nacimiento y el sexo del nacido.

2. La filiación determina los apellidos.

Si la filiación está determinada por ambas líneas, los progenitores acordarán el orden de transmisión de su respectivo primer apellido, antes de la inscripción registral.

En caso de desacuerdo o cuando no se hayan hecho constar los apellidos en la solicitud de inscripción, el Encargado del Registro Civil requerirá a los progenitores, o a quienes ostenten la representación legal del menor, para que en el plazo máximo de tres días comuniquen el orden de apellidos. Transcurrido dicho plazo sin comunicación expresa, el Encargado acordará el orden de los apellidos atendiendo al interés superior del menor.

En los supuestos de nacimiento con una sola filiación reconocida, ésta determina los apellidos. El progenitor podrá determinar el orden de los apellidos.

El orden de los apellidos establecido para la primera inscripción de nacimiento determina el orden para la inscripción de los posteriores nacimientos con idéntica filiación. En esta primera inscripción, cuando así se solicite, podrán constar la preposición «de» y las conjunciones «y» o «i» entre los apellidos, en los términos previstos en el artículo 53 de la presente Ley.

3. También se incorporará a la inscripción el código personal asignado.

4. Constarán, además, y siempre que fuera posible, las siguientes circunstancias de los progenitores: nombre y apellidos, Documento Nacional de Identidad o Número de identificación y pasaporte del extranjero, en su caso, lugar y fecha de nacimiento, estado civil, domicilio y nacionalidad, así como cualquier otro dato necesario para el cumplimiento del objeto del Registro Civil al que se refiere el artículo 2 que se haya incluido en los modelos oficialmente aprobados. Si la madre hubiera renunciado a su hijo en el momento del parto el domicilio de la misma estará sujeto al régimen de publicidad restringida, y no figurará a efectos estadísticos.

5. En el caso de que el parte facultativo indicara la condición intersexual del nacido, los progenitores, de común acuerdo, podrán solicitar que la mención del sexo figure en blanco por el plazo máximo de un año. Transcurrido dicho plazo, la mención al sexo será obligatoria y su inscripción habrá de ser solicitada por los progenitores.

Apdo. 5 añadido por Ley 4/2023, de 28 de febrero, para la igualdad real y efectiva de las personas trans y para la garantía de los derechos de las personas LGTBI. (BOE de 01-03-2023).

Artículo anteriormente modificado por Ley 19/2015, de 13 de julio, de medidas de reforma administrativa en el ámbito de la Administración de Justicia y del Registro Civil. (BOE de 14-07-2015). Ver D.T. 2.ª de esta norma en cuanto a la aplicación transitoria.

Los apdos. 1 y 4 entraron en vigor el 15/10/2015; el apdo. 2 entró en vigor el 30/06/2017 (según se dispone en la Ley 5/2018, de 11 de junio, de modificación de la Ley 1/2000, de 7 de enero, de Enjuiciamiento Civil, en relación a la ocupación ilegal de viviendas). El resto del artículo ha entrado en vigor el 30/04/2021.

ART. 50. Derecho al nombre.

1. Toda persona tiene derecho a un nombre desde su nacimiento.

2. Las personas son identificadas por su nombre y apellidos.

3. El Encargado impondrá un nombre y unos apellidos de uso corriente al nacido cuya filiación sea desconocida. Igualmente impondrá, tras haberles apercibido y transcurrido un plazo de tres días, un nombre de uso corriente cuando los obligados a su fijación no lo señalaren.

4. A petición del interesado o de su representante legal, el encargado del Registro sustituirá el nombre propio de aquél por su equivalente en cualquiera de las lenguas españolas.

ART. 51. Principio de libre elección del nombre propio.

El nombre propio será elegido libremente y solo quedará sujeto a las siguientes limitaciones, que se interpretarán restrictivamente:

1.º No podrán consignarse más de dos nombres simples o uno compuesto.

2.º No podrán imponerse nombres que sean contrarios a la dignidad de la persona, ni los que hagan confusa la identificación. A efectos de determinar si la identificación resulta confusa no se otorgará relevancia a la correspondencia del nombre con el sexo o la identidad sexual de la persona.

3.º No podrá imponerse al nacido nombre que ostente uno de sus hermanos o hermanas con idénticos apellidos, a no ser que hubiera fallecido.

Modificado por Ley 4/2023, de 28 de febrero, para la igualdad real y efectiva de las personas trans y para la garantía de los derechos de las personas LGTBI. (BOE de 01-03-2023).

ART. 52. Cambio de nombre.

El Encargado del Registro Civil, mediante procedimiento registral, podrá autorizar el cambio de nombre previa declaración del interesado, que deberá probar el uso habitual del nuevo nombre, y siempre que concurran las demás circunstancias exigidas en la legislación del Registro Civil.

ART. 53. Cambio de apellidos mediante declaración de voluntad.

El Encargado puede, mediante declaración de voluntad del interesado, autorizar el cambio de apellidos en los casos siguientes:

1.º La inversión del orden de apellidos.

2.º La anteposición de la preposición «de» al primer apellido que fuera usualmente nombre propio o empezare por tal, así como las conjunciones «y» o «i» entre los apellidos.

3.º La acomodación de los apellidos de los hijos mayores de edad o emancipados al cambio de apellidos de los progenitores cuando aquellos expresamente lo consientan.

4.º La regularización ortográfica de los apellidos a cualquiera de las lenguas oficiales correspondiente al origen o domicilio del interesado y la adecuación gráfica a dichas lenguas de la fonética de apellidos también extranjeros.

5.º Cuando sobre la base de una filiación rectificada con posterioridad, el hijo o sus descendientes pretendieran conservar los apellidos que vinieren usando antes de la rectificación. Dicha conservación de apellidos deberá instarse dentro de los dos meses siguientes a la inscripción de la nueva filiación o, en su caso, a la mayoría de edad.

Modificado por Ley 4/2023, de 28 de febrero, para la igualdad real y efectiva de las personas trans y para la garantía de los derechos de las personas LGTBI. (BOE de 01-03-2023).

Artículo anteriormente modificado por Ley 6/2021, de 28 de abril, por la que se modifica la Ley 20/2011, de 21 de julio, del Registro Civil. (BOE de 29-04-2021).

Este artículo entró en vigor el 30/06/2017.

ART. 54. Cambio de apellidos o de identidad mediante expediente.

1. El Encargado del Registro puede autorizar el cambio de apellidos, previo expediente instruido en forma reglamentaria.

2. Son requisitos necesarios de la petición de cambio de apellidos:

a) Que el apellido en la forma propuesta constituya una situación de hecho, siendo utilizado habitualmente por el interesado.

b) Que el apellido o apellidos que se tratan de unir o modificar pertenezcan legítimamente al peticionario.

c) Que los apellidos que resulten del cambio no provengan de la misma línea.

Podrá formularse oposición fundada únicamente en el incumplimiento de los requisitos exigidos.

3. Bastará que concurra el requisito del uso habitual del apellido propuesto, sin que se cumplan los requisitos b) y c) del apartado 2, si el apellido o apellidos solicitados correspondieran a quien tuviere acogido al interesado, siempre que aquél o, por haber fallecido, sus herederos den su consentimiento al cambio. En todo caso se requiere que, por sí o sus representantes legales, asientan al cambio el cónyuge y descendientes del titular del apellido.

4. No será necesario que concurra el uso habitual del apellido propuesto, bastando que se cumplan los requisitos b) y c) previstos en el apartado 2, para cambiar o modificar un apellido contrario a la dignidad o que ocasione graves inconvenientes.

5. Cuando se trate de víctimas de violencia de género o de sus descendientes que estén o hayan estado integrados en el núcleo familiar de convivencia, podrá autorizarse el cambio de apellidos sin necesidad de cumplir con los requisitos previstos en el apartado 2, de acuerdo con el procedimiento que se determine reglamentariamente.

En estos casos, podrá autorizarse por razones de urgencia o seguridad el cambio total de identidad sin necesidad de cumplir con los requisitos previstos en el apartado 2, de acuerdo con el procedimiento que se determine reglamentariamente.

> *Modificado por Ley 6/2021, de 28 de abril, por la que se modifica la Ley 20/2011, de 21 de julio, del Registro Civil. (BOE de 29-04-2021).*

ART. 55. Autorización del cambio de apellidos o identidad en circunstancias excepcionales.

Cuando razones de urgencia o seguridad no contempladas en el artículo 54.5 u otras circunstancias excepcionales lo requieran, podrá autorizarse el cambio de apellidos o el cambio total de identidad, por Orden del Ministerio de Justicia, en los términos fijados reglamentariamente.

> *Modificado por Ley 6/2021, de 28 de abril, por la que se modifica la Ley 20/2011, de 21 de julio, del Registro Civil. (BOE de 29-04-2021).*

ART. 56. Apellidos con elemento extranjero.

El que adquiere la nacionalidad española conservará los apellidos que ostente en forma distinta de la legal, siempre que así lo declare en el acto de adquirirla o dentro de los dos meses siguientes a la adquisición o a la mayoría de edad, y que los apellidos que se pretenden conservar no resulten contrarios al orden público internacional.

En caso de ciudadanos españoles que tengan igualmente la nacionalidad de otro Estado miembro de la Unión Europea, los cambios de apellidos voluntarios realizados de conformidad con las reglas relativas a la determinación de apellidos aplicables en este último Estado serán reconocidos en España, salvo cuando dicho cambio sea contrario al orden público español, o bien cuando habiendo sido dicho cambio resultado de una resolución judicial ésta no haya sido reconocida en España.

ART. 57. Reglas comunes al cambio de nombre y apellidos.

1. El cambio de apellidos alcanza a todas las personas sujetas a la patria potestad y también a los demás descendientes que expresamente lo consientan.
2. El cambio de nombre y apellidos se inscribirá en el registro individual del interesado. Dicha inscripción tiene carácter constitutivo.
3. Los cambios señalados en los párrafos anteriores podrán ser solicitados por el propio interesado si es mayor de dieciséis años.

CAPÍTULO SEGUNDO
Inscripciones relativas al matrimonio

> *Ver arts. 69 a 80 LRC-1957.*

ART. 58. Procedimiento de autorización matrimonial.

1. El matrimonio en forma civil se celebrará ante el o la Alcalde o Concejal en quien este delegue, letrado o letrada de la Administración de Justicia, notario o notaria, o personal funcionario diplomático o consular Encargado o Encargada del Registro Civil.
2. La celebración del matrimonio requerirá la previa tramitación o instrucción de un acta o expediente a instancia de los contrayentes para acreditar el cumplimiento de los requisitos de capacidad y la inexistencia de impedimentos o su dispensa, o cualquier otro obstáculo, de acuerdo con lo previsto en el Código Civil. La tramitación del acta competerá al notario del lugar del domicilio de cualquiera de los contrayentes. La instrucción del expediente corresponderá al letrado **o letrada** de la Administración de Justicia, o encargado **o encargada** del Registro Civil del domicilio de uno de los contrayentes.
3. El procedimiento finalizará con una resolución en la que se autorice o deniegue la celebración del matrimonio. La denegación deberá ser motivada y expresar, en su caso, con claridad la falta de capacidad o el impedimento en el que se funda la denegación.

4. Contra esta resolución cabe recurso ante el encargado **o encargada** del Registro Civil, cuya resolución se someterá al régimen de recursos ante la Dirección General de Seguridad Jurídica y Fe Pública previsto por esta ley.

5. El letrado **o letrada** de la Administración de Justicia, notario **o notaria**, o encargado **o encargada** del Registro Civil oirá a ambos contrayentes reservadamente y por separado para cerciorarse de su capacidad y de la inexistencia de cualquier impedimento. Asimismo, se podrán solicitar los informes y practicar las diligencias pertinentes, sean o no propuestas por los requirentes, para acreditar el estado, capacidad o domicilio de los contrayentes o cualesquiera otros extremos necesarios para apreciar la validez de su consentimiento y la veracidad del matrimonio.

El letrado **o la letrada** de la Administración de Justicia, notario **o notaria**, encargado **encargada** del Registro Civil o **personal** funcionario que tramite el acta o expediente, cuando sea necesario, podrá recabar de las Administraciones o entidades de iniciativa social de promoción y protección de los derechos de las personas con discapacidad, la provisión de apoyos humanos, técnicos y materiales que faciliten la emisión, interpretación y recepción del consentimiento del o los contrayentes. Solo en el caso excepcional de que alguno de los contrayentes presentare una condición de salud que, de modo evidente, categórico y sustancial, pueda impedirle prestar el consentimiento matrimonial pese a las medidas de apoyo, se recabará dictamen médico sobre su aptitud para prestar el consentimiento.

De la realización de todas estas actuaciones se dejará constancia en el acta o expediente, archivándose junto con los documentos previos a la inscripción de matrimonio.

Pasado un año desde la publicación de los anuncios o de las diligencias sustitutorias sin que se haya contraído el matrimonio, no podrá celebrarse este sin nueva publicación o diligencias.

6. Realizadas las anteriores diligencias, el letrado **o letrada** de la Administración de Justicia, notario **o notaria**, encargado **o encargada** del Registro Civil que haya intervenido finalizará el acta o dictará resolución haciendo constar la concurrencia o no en los contrayentes de los requisitos necesarios para contraer matrimonio, así como la determinación del régimen económico matrimonial que resulte aplicable y, en su caso, la vecindad civil de los contrayentes, entregando copia a estos. La actuación o resolución deberá ser motivada y expresar, en su caso, con claridad la falta de capacidad o el impedimento que concurra.

7. Si el juicio del letrado **o letrada** de la Administración de Justicia, notario **o notaria**, encargado **o encargada** del Registro Civil fuera desfavorable se procederá al cierre del acta o expediente y los interesados podrán recurrir ante la Dirección General de Seguridad Jurídica y Fe Pública, sometiéndose al régimen de recursos previsto por esta ley.

8. Resuelto favorablemente el expediente por el letrado **o letrada** de la Administración de Justicia, el matrimonio se podrá celebrar ante el mismo u otro letrado **o letrada** de la Administración de Justicia, Alcalde o Concejal en quien este delegue, a elección de los contrayentes. Si se hubiere tramitado por el encargado **o la encargada** del Registro Civil, el matrimonio deberá celebrarse ante el Alcalde o Concejal en quien este delegue, que designen los contrayentes. Finalmente, si fuera el notario quien hubiera extendido el acta matrimonial, los contrayentes podrán otorgar el consentimiento, a su elección, ante el mismo notario u otro distinto del que hubiera tramitado el acta previa, el Alcalde o Concejal en quien éste delegue. La prestación del consentimiento deberá realizarse en la forma prevista en el Código Civil.

El matrimonio celebrado ante Alcalde o Concejal en quien este delegue o ante el letrado **o letrada** de la Administración de Justicia se hará constar en acta; el que se celebre ante notario **o notaria** constará en escritura pública. En ambos casos deberá ser firmada, además de por aquel ante el que se celebra, por los contrayentes y dos testigos.

Extendida el acta o autorizada la escritura pública, se entregará a cada uno de los contrayentes copia acreditativa de la celebración del matrimonio y se remitirá por el autorizante, en el mismo día y por medios telemáticos, testimonio o copia autorizada electrónica del documento al Registro Civil para su inscripción, previa calificación del Encargado del Registro Civil.

9. La celebración del matrimonio fuera de España corresponderá al funcionario consular o diplomático encargado **o encargada** del Registro Civil en el extranjero. Si uno o los dos contrayentes residieran en el extranjero, la tramitación del expediente previo podrá corresponder al funcionario diplomático o consular encargado **o encargada** del registro civil competente en la demarcación consular donde residan. El matrimonio así tramitado podrá celebrarse ante el mismo funcionario u otro distinto, o ante el Alcalde o Concejal en quien este delegue, a elección de los contrayentes.

10. Cuando el matrimonio se hubiere celebrado sin haberse tramitado el correspondiente expediente o acta previa, si éste fuera necesario, el letrado **o letrada** de la Administración de Justicia, notario **o notaria**, o el funcionario **o funcionaria** Encargado del Registro Civil que lo haya celebrado, antes de realizar las actuaciones que procedan para su inscripción, deberá comprobar si concurren los requisitos legales para su validez, mediante la tramitación del acta o expediente al que se refiere este artículo.

Si la celebración del matrimonio hubiera sido realizada ante autoridad o persona competente distinta de las indicadas en el párrafo anterior, el acta de aquella se remitirá al encargado **o encargada** del Registro Civil del lugar de celebración para que proceda a la comprobación de los requisitos de validez, mediante el expediente correspondiente. Efectuada esa comprobación, el encargado **o la encargada** del Registro Civil procederá a su inscripción.

11. Si los contrayentes hubieran manifestado su propósito de contraer matrimonio en el extranjero, con arreglo a la forma establecida por la ley del lugar de celebración o en forma religiosa y se exigiera la presentación de un certificado de capacidad matrimonial, lo expedirá el letrado **o letrada** de la Administración de Justicia, notario **o notaria**, encargado **o encargada** del Registro Civil o **personal** funcionario consular o diplomático del lugar del domicilio de cualquiera de los contrayentes, previo expediente instruido o acta que contenga el juicio del autorizante acreditativo de la capacidad matrimonial de los contrayentes.

Modificado por Ley Orgánica 1/2025, de 2 de enero, de medidas en materia de eficiencia del Servicio Público de Justicia. (BOE 03-01-2025). Esta modificación entró en vigor el 03-04-2025.

Rúbrica y apdo. 3 modificados por Ley 6/2021, de 28 de abril, por la que se modifica la Ley 20/2011, de 21 de julio, del Registro Civil. (BOE de 29-04-2021).

Artículo anteriormente modificado por Ley 15/2015, de 2 de julio, de la Jurisdicción Voluntaria. (BOE de 03-07-2015).

ART. 58 bis. Matrimonio celebrado en forma religiosa.

1. Para la celebración del matrimonio en la forma religiosa prevista en el Acuerdo entre el Estado español y la Santa Sede sobre Asuntos Jurídicos y en los Acuerdos de cooperación del Estado con las confesiones religiosas se estará a lo dispuesto en los mismos.

2. En los supuestos de celebración del matrimonio en la forma religiosa prevista por las iglesias, confesiones, comunidades religiosas o federaciones de las mismas que, inscritas en el Registro de Entidades Religiosas, hayan obtenido el reconocimiento de notorio arraigo en España, requerirán la tramitación de un acta o expediente previo de capacidad matrimonial conforme al artículo anterior. Cumplido este trámite, el Secretario judicial, Notario, Encargado del Registro Civil o funcionario diplomático o consular Encargado del Registro Civil que haya intervenido expedirá dos copias del acta o resolución, que incluirá, en su caso, el juicio acreditativo de la capacidad matrimonial de los contrayentes, que éstos deberán entregar al ministro de culto encargado de la celebración del matrimonio.

El consentimiento deberá prestarse ante un ministro de culto y dos testigos mayores de edad. En estos casos, el consentimiento deberá prestarse antes de que hayan transcurrido seis meses desde la fecha del acta o resolución que contenga el juicio de capacidad matrimonial. A estos efectos se consideran ministros de culto a las personas físicas dedicadas, con carácter estable, a las funciones de culto o asistencia religiosa y que acrediten el cumplimiento de estos requisitos mediante certificación expedida por la iglesia, confesión o comunidad religiosa que haya obtenido el reconocimiento de notorio arraigo en España, con la conformidad de la federación que en su caso hubiera solicitado dicho reconocimiento.

Una vez celebrado el matrimonio, el oficiante extenderá certificación expresiva de la celebración del mismo, con los requisitos necesarios para su inscripción y las menciones de identidad de los testigos y de las circunstancias del expediente o acta previa que necesariamente incluirán el nombre y apellidos del Secretario judicial, Notario, Encargado del Registro Civil o funcionario diplomático o consular que la hubiera extendido, la fecha y número de protocolo en su caso. Esta certificación se remitirá por medios electrónicos, en la forma que reglamentariamente se determine, junto con la certificación acreditativa de la condición de ministro de culto, dentro del plazo de cinco días al Encargado del Registro Civil competente para su inscripción. Igualmente extenderá en las dos copias del acta o resolución previa de capacidad matrimonial diligencia expresiva de la celebración del matrimonio entregando una a los contrayentes y conservará la otra como acta de la celebración en el archivo del oficiante o de la entidad religiosa a la que representa como ministro de culto.

Añadido por Ley 15/2015, de 2 de julio, de la Jurisdicción Voluntaria. (BOE de 03-07-2015). Incluida la corrección de errores.

ART. 59. Inscripción del matrimonio.

1. El matrimonio cuyos requisitos se hayan constatado y celebrado según el procedimiento previsto en el artículo 58 se inscribirá en los registros individuales de los contrayentes.

2. El matrimonio celebrado ante autoridad extranjera accederá al Registro Civil español mediante la inscripción de la certificación correspondiente, siempre que tenga eficacia con arreglo a lo previsto en la presente Ley.

3. El matrimonio celebrado en España en forma religiosa accederá al Registro Civil mediante la inscripción de la certificación emitida por el ministro de culto, conforme a lo previsto en el artículo 63 del Código Civil.

4. Practicada la inscripción, el Encargado del Registro Civil pondrá a disposición de cada uno de los contrayentes certificación de la inscripción del matrimonio.

5. La inscripción hace fe del matrimonio y de la fecha y lugar en que se contrae y produce el pleno reconocimiento de los efectos civiles del mismo frente a terceros de buena fe.

Modificado por Ley 15/2015, de 2 de julio, de la Jurisdicción Voluntaria. (BOE de 03-07-2015).

ART. 60. Inscripción del régimen económico del matrimonio.

1. Junto a la inscripción de matrimonio se inscribirá el régimen económico matrimonial legal o pactado que rija el matrimonio y los pactos, resoluciones judiciales o demás hechos que puedan afectar al mismo.

2. Cuando no se presenten escrituras de capitulaciones se inscribirá como régimen económico matrimonial legal el que fuera supletorio de conformidad con la legislación aplicable. Para hacer constar en el Registro Civil expresamente el régimen económico legal aplicable a un matrimonio ya inscrito cuando aquél no constase con anterioridad y no se aporten escrituras de capitulaciones será necesaria la tramitación de un acta de notoriedad.

Otorgada ante Notario escritura de capitulaciones matrimoniales, deberá éste remitir en el mismo día copia autorizada electrónica de la escritura pública al Encargado del Registro Civil correspondiente para su constancia en la inscripción de matrimonio. Si el matrimonio no se hubiera celebrado a la fecha de recepción de la escritura de capitulaciones matrimoniales, el Encargado del Registro procederá a su anotación en el registro individual de cada contrayente.

3. En las inscripciones que en cualquier otro Registro produzcan las capitulaciones y demás hechos que afecten al régimen económico matrimonial, se expresarán los datos de su inscripción en el Registro Civil.

4. Sin perjuicio de lo previsto en el artículo 1333 del Código Civil, en ningún caso el tercero de buena fe resultará perjudicado sino desde la fecha de la inscripción del régimen económico matrimonial o de sus modificaciones.

Modificado por Ley 15/2015, de 2 de julio, de la Jurisdicción Voluntaria. (BOE de 03-07-2015).

ART. 61. Inscripción de la separación, nulidad y divorcio.

El letrado de la Administración de Justicia del juzgado o tribunal que hubiera dictado la resolución judicial firme de separación, nulidad o divorcio deberá remitir en el mismo día o al siguiente hábil y por medios electrónicos testimonio o copia electrónica de la misma a la Oficina General del Registro Civil, la cual practicará de forma inmediata la correspondiente inscripción. Las resoluciones judiciales que resuelvan sobre la nulidad, separación y divorcio podrán ser objeto de anotación hasta que adquieran firmeza.

La misma obligación tendrá el notario que hubiera autorizado la escritura pública formalizando un convenio regulador de separación o divorcio.

Las resoluciones judiciales o las escrituras públicas que modifiquen las inicialmente adoptadas o convenidas también deberán ser inscritas en el Registro Civil.

Las resoluciones sobre disolución de matrimonio canónico, dictadas por autoridad eclesiástica reconocida, se inscribirán si cumplen los requisitos que prevé el ordenamiento jurídico.

Modificado por Ley 6/2021, de 28 de abril, por la que se modifica la Ley 20/2011, de 21 de julio, del Registro Civil (BOE de 29-04-2021).

Anteriormente modificado por Ley 15/2015, de 2 de julio, de la Jurisdicción Voluntaria. (BOE de 03-07-2015).

CAPÍTULO TERCERO
Inscripción de la defunción

Ver arts. 81 a 87 LRC-1957.

ART. 62. Inscripción de la defunción.

1. La inscripción en el Registro Civil de la defunción es obligatoria. La inscripción hace fe de la muerte de una persona y de la fecha, hora y lugar en que se produce. En la inscripción debe figurar asimismo la identidad del fallecido.

2. La inscripción de la defunción se practicará en virtud de declaración documentada en el formulario oficial, acompañado del certificado médico de la defunción. En defecto de certificado, cuando éste sea incompleto o si, a juicio del Encargado, debe complementarse la documentación acreditativa del fallecimiento, se requerirá dictamen médico del facultativo.

3. El funcionario competente, una vez recibida y examinada la documentación, practicará inmediatamente la inscripción y expedirá el certificado de la defunción.

El Encargado, una vez practicada la inscripción, expedirá la licencia para el entierro o incineración en el plazo que reglamentariamente se establezca.

4. La inscripción de la defunción cerrará el registro individual. En ningún caso, el código personal podrá volver a ser asignado.

ART. 63. Obligados a promover la inscripción de fallecimiento.

Están obligados a promover la inscripción de fallecimiento:

1.º La dirección de hospitales, clínicas y establecimientos sanitarios donde se produzca el fallecimiento.

2.º El personal médico que certifica el fallecimiento, cuando éste haya tenido lugar fuera del establecimiento sanitario.

3.º Los parientes del difunto o persona a quien éstos autoricen.

4.º El director del establecimiento, cualquier habitante de la casa donde se hubiera producido el fallecimiento o, en su caso, la autoridad que corresponda.

5.º Cualquier persona que tenga conocimiento de un fallecimiento lo comunicará a la autoridad competente, que vendrá obligada a promover la inscripción de la defunción.

Ver art. 24 LRC-1957.

ART. 64. Comunicación de la defunción por los centros sanitarios.

La dirección de hospitales, clínicas y establecimientos sanitarios comunicará a la Oficina del Registro Civil competente y al Instituto Nacional de Estadística cada uno de los fallecimientos que hayan tenido lugar en su centro sanitario. La comunicación se remitirá por medios electrónicos en el plazo que se establezca reglamentariamente mediante el envío del formulario oficial debidamente cumplimentado, acompañado del certificado médico firmado por el facultativo. Dicha remisión será realizada por personal del centro sanitario, que usará para ello mecanismos seguros de identificación y firma electrónicos.

Modificado por Ley 19/2015, de 13 de julio, de medidas de reforma administrativa en el ámbito de la Administración de Justicia y del Registro Civil. (BOE de 14-07-2015). Ver D.T. 2.ª de esta norma en cuanto a la aplicación transitoria.

Este artículo entró en vigor el 15/10/2015.

ART. 65. Inscripción de la defunción por declaración de los obligados.

Respecto de los fallecimientos que se hayan producido fuera de establecimiento sanitario, los obligados a promover la inscripción informarán de la defunción a la mayor brevedad posible a la autoridad pública, que la comunicará inmediatamente a la Oficina del Registro Civil.

Ver art. 24 LRC-1957.

ART. 66. Certificado médico de defunción.

En ningún caso podrá efectuarse la inscripción de defunción sin que se haya presentado ante el Registro Civil el certificado médico de defunción. En el certificado, además de las circunstancias necesarias para la práctica de la inscripción, deberán recogerse aquellas que se precisen a los fines del Instituto Nacional de Estadística y, en todo caso, la existencia o no de indicios de muerte violenta y, en su caso, la incoación o no de diligencias judiciales por el fallecimiento si le fueran conocidas o cualquier motivo por el que, a juicio del facultativo, no deba expedirse la licencia de enterramiento.

Las circunstancias mencionadas en el segundo inciso del párrafo anterior no serán incorporadas a la inscripción de defunción ni serán objeto del régimen de publicidad establecido en esta Ley, siendo su única finalidad la establecida en este artículo.

Modificado por Ley 19/2015, de 13 de julio, de medidas de reforma administrativa en el ámbito de la Administración de Justicia y del Registro Civil. (BOE de 14-07-2015). Ver D.T. 2.ª de esta norma en cuanto a la aplicación transitoria.

Este artículo entró en vigor el 15/10/2015.

ART. 67. Supuestos especiales de inscripción de la defunción.

1. Cuando el cadáver hubiera desaparecido o se hubiera inhumado antes de la inscripción, será necesaria resolución del Secretario judicial declarando el fallecimiento u orden de la autoridad judicial en la que se acredite legalmente el fallecimiento.

2. Si hubiera indicios de muerte violenta o en cualquier caso en que deban incoarse diligencias judiciales, la inscripción de la defunción no supondrá por sí misma la concesión de licencia de enterramiento o incineración. Dicha licencia se expedirá cuando se autorice por el órgano judicial competente.

3. Cuando el fallecimiento hubiere ocurrido con posterioridad a los seis primeros meses de gestación, antes del nacimiento, y siempre que el recién nacido hubiera fallecido antes de recibir el alta médica, después del parto, el certificado médico deberá ser firmado, al menos, por dos facultativos, quienes afirmarán, bajo su responsabilidad que, del parto y, en su caso, de las pruebas realizadas con el material genético de la madre y el hijo, no se desprenden dudas razonables sobre la relación materno filial; haciéndose constar en la inscripción, o en el archivo a que se refiere la disposición adicional cuarta en su caso, la realización de dichas pruebas y el centro sanitario que inicialmente conserve la información relacionada con las mismas, sin perjuicio del traslado de esta información a los archivos definitivos de la Administración correspondiente cuando proceda.

Apdo. 3 se añade por Ley 19/2015, de 13 de julio, de medidas de reforma administrativa en el ámbito de la Administración de Justicia y del Registro Civil. (BOE de 14-07-2015). Ver D.T. 2.ª de esta norma en cuanto a la aplicación transitoria.

El apdo. 3 entró en vigor el 15/10/2015, mientras que el resto del artículo lo hizo el 30/04/2021.

CAPÍTULO CUARTO
Otras inscripciones

ART. 68. Inscripción de la nacionalidad y de la vecindad civil.

1. La adquisición de la nacionalidad española por residencia, carta de naturaleza y opción, así como su recuperación y las declaraciones de voluntad relativas a la vecindad, se inscribirán en el registro individual. Estas inscripciones tendrán carácter constitutivo.

No podrá inscribirse la nacionalidad española adquirida por cualquiera de las vías que reconoce el ordenamiento jurídico si no se ha efectuado la inscripción previa de nacimiento.

La inscripción de la pérdida de la nacionalidad tendrá carácter meramente declarativo.

2. Para efectuar las inscripciones relativas a la nacionalidad y a la vecindad civil será título suficiente aquél a través del cual se haya reconocido la nacionalidad española o la vecindad civil que corresponda.

3. Las declaraciones de voluntad relativas a la adquisición de la nacionalidad española por residencia, carta de naturaleza y opción, así como su recuperación, conservación o pérdida, y las declaraciones de voluntad relativas a la vecindad, podrán realizarse ante el Encargado del Registro Civil, notario, o funcionario diplomático o consular encargado del Registro Civil.

Apdo. 3 añadido por Ley 6/2021, de 28 de abril, por la que se modifica la Ley 20/2011, de 21 de julio, del Registro Civil. (BOE de 29-04-2021).

Ver arts. 63 a 68 LRC-1957.

ART. 69. Presunción de nacionalidad española.

Sin perjuicio de lo dispuesto en el Código Civil y en tanto no conste la extranjería de los progenitores, se presumen españoles los nacidos en territorio español de progenitores también nacidos en España.

La misma presunción rige para la vecindad.

> *Modificado por Ley 4/2023, de 28 de febrero, para la igualdad real y efectiva de las personas trans y para la garantía de los derechos de las personas LGTBI. (BOE de 01-03-2023).*
>
> *Ver arts. 63 a 68 LRC-1957.*

ART. 70. Emancipación y beneficio de la mayor edad.

1. En el registro individual se inscribirán la emancipación y el beneficio de la mayor edad.

2. La emancipación por concesión de los que ejercen la patria potestad se inscribe en virtud de escritura pública o por comparecencia ante el Encargado.

3. La emancipación por concesión judicial y el beneficio de la mayor edad se inscriben en virtud de resolución judicial.

4. La emancipación tácita o por vida independiente podrá inscribirse mediante la acreditación documental de la situación de independencia y el consentimiento de quienes ejercen la patria potestad.

La concesión de emancipación y la emancipación por vida independiente, así como el beneficio de la mayor edad, no producirán efectos frente a terceros mientras no se inscriban en el Registro Civil.

ART. 71. Inscripción de la patria potestad y sus modificaciones.

1. Los hechos que afecten a las relaciones paterno-filiales se inscribirán en el registro individual de la persona sujeta a patria potestad y en el de su progenitor o en los de sus progenitores.

Son inscribibles las resoluciones judiciales que afecten a la titularidad, al ejercicio y a las modificaciones de la patria potestad. En particular, las que se produzcan como consecuencia de la nulidad, separación y divorcio de los progenitores.

2. También se inscribirá la extinción, privación, suspensión y recuperación de la patria potestad.

3. En idénticos términos se inscribirá todo lo relativo a las figuras similares o asimilables a la patria potestad, que sean de Derecho civil propio de las Comunidades Autónomas.

> *Apdo, 2 modificado por Ley 8/2021, de 2 de junio, por la que se reforma la legislación civil y procesal para el apoyo a las personas con discapacidad en el ejercicio de su capacidad jurídica. (BOE de 03-06-2021).*

ART. 72. Resolución judicial de provisión de apoyos y declaración del concurso de persona física.

1. La resolución judicial dictada en un procedimiento de provisión de apoyos, así como la que la deje sin efecto o la modifique, se inscribirán en el registro individual de la persona con discapacidad. La inscripción expresará la extensión y límites de las medidas judiciales de apoyo.

Asimismo, se inscribirá cualquier otra resolución judicial sobre las medidas de apoyo a personas con discapacidad.

2. Se inscribirán en el Registro Civil la declaración de concurso, la intervención o, en su caso, la suspensión de las facultades de administración y disposición, así como el nombramiento de los administradores concursales.

> *Rúbrica y apdo. 1 modificados por Ley 8/2021, de 2 de junio, por la que se reforma la legislación civil y procesal para el apoyo a las personas con discapacidad en el ejercicio de su capacidad jurídica. (BOE de 03-06-2021).*
>
> *Ver arts. 88 a 91 LRC-1957.*

ART. 73. Oponibilidad de las resoluciones.

Las resoluciones a que se refiere el artículo anterior solo serán oponibles frente a terceros cuando se hayan practicado las oportunas inscripciones.

Modificado por Ley 8/2021, de 2 de junio, por la que se reforma la legislación civil y procesal para el apoyo a las personas con discapacidad en el ejercicio de su capacidad jurídica. (BOE de 03-06-2021).

Ver arts. 88 a 91 LRC-1957.

ART. 74. Inscripción de determinadas representaciones legales.

1. Tienen acceso al registro individual la representación del ausente y la designación de defensor judicial en el caso previsto en el artículo 299 bis del Código Civil.

2. Igualmente, podrá tener acceso al Registro Civil cualquier representación que se otorgue mediante nombramiento especial y comprenda la administración y guarda de un patrimonio.

Apdo. 1 modificado por Ley 15/2015, de 2 de julio, de la Jurisdicción Voluntaria. (BOE de 03-07-2015).

Ver arts. 88 a 91 LRC-1957.

ART. 75. Inscripción de tutela automática o administrativa.

Se inscribirá en el registro individual del menor en situación de desamparo la sujeción a la tutela por la entidad pública a la que, en el respectivo territorio, esté encomendada la protección de los menores por la legislación que resulte aplicable.

Modificado por Ley 8/2021, de 2 de junio, por la que se reforma la legislación civil y procesal para el apoyo a las personas con discapacidad en el ejercicio de su capacidad jurídica. (BOE de 03-06-2021).

Ver arts. 88 a 91 LRC-1957.

ART. 76. Inscripción de actos relativos al patrimonio protegido de las personas con discapacidad.

Es inscribible en el registro individual de la persona con discapacidad el documento público o resolución judicial relativos a la constitución y demás circunstancias relativas al patrimonio protegido y a la designación y modificación de administradores de dicho patrimonio.

Ver arts. 88 a 91 LRC-1957.

ART. 77. Inscripción de medidas de apoyo voluntarias.

Es inscribible en el registro individual del interesado el documento público que contenga las medidas de apoyo previstas por una persona respecto de sí misma o de sus bienes.

Modificado por Ley 8/2021, de 2 de junio, por la que se reforma la legislación civil y procesal para el apoyo a las personas con discapacidad en el ejercicio de su capacidad jurídica. (BOE de 03-06-2021).

Ver arts. 88 a 91 LRC-1957.

ART. 78. Inscripciones de declaración de ausencia y fallecimiento.

1. Las declaraciones judiciales de ausencia y fallecimiento se inscribirán en el registro individual del declarado ausente o fallecido.

2. En la inscripción de la declaración de fallecimiento se expresará la fecha a partir de la cual se entiende ocurrida la muerte.

3. En las inscripciones de la declaración de ausencia y fallecimiento se hará constar cuanto se previene en el artículo 198 del Código Civil.

Apdo. 3 añadido por Ley 15/2015, de 2 de julio, de la Jurisdicción Voluntaria. (BOE de 03-07-2015).

Ver arts. 5 y 88 a 91 LRC-1957.

CAPÍTULO QUINTO
Inscripciones en circunstancias excepcionales

ART. 79. Inscripciones en circunstancias excepcionales.

Cuando por circunstancias excepcionales imputables al funcionamiento del Registro Civil no sea posible practicar la inscripción, se levantará acta de nacimiento, matrimonio o defunción con los requisitos del asiento correspondiente por las autoridades o funcionarios que señale el Reglamento.

Dicha acta será título suficiente para proceder a la inscripción del hecho o acto a que se refiere el párrafo anterior con independencia del tiempo transcurrido desde el hecho y sin necesidad de incoar un expediente de inscripción fuera de plazo.

TÍTULO VII
Publicidad del Registro Civil

CAPÍTULO PRIMERO
Instrumentos de publicidad registral

ART. 80. Medios de publicidad del Registro Civil.

1. La publicidad de los datos que constan en el Registro Civil se realizará de las siguientes formas:

1.ª Mediante el acceso de las Administraciones y funcionarios públicos, en el ejercicio de sus funciones y bajo su responsabilidad, a los datos que consten en el Registro Civil.

También se podrá tener conocimiento de los datos que constan en el Registro Civil mediante los procedimientos especiales que se acuerden por la Dirección General de los Registros y del Notariado, cuando la información deba ser suministrada de forma periódica y automatizada para el cumplimiento de fines públicos, o cuando sea precisa para comprobar por las entidades de certificación reguladas en la Ley 59/2003, de 19 de diciembre, de firma electrónica, que no se ha producido la extinción de los certificados electrónicos por las causas contempladas en el artículo 8, apartado 1, letra e), de dicha Ley.

2.ª Mediante certificación.

2. Las Administraciones y funcionarios públicos en el ejercicio de sus competencias sólo podrán exigir a los ciudadanos la presentación de certificados del Registro Civil cuando los datos objeto del certificado no obren en poder de aquéllas, o cuando fuere imposible su obtención directamente por medios electrónicos.

3. Lo dispuesto en este artículo se entiende sin perjuicio del régimen de publicidad restringida al que se refieren los artículos 83 y 84 de la presente Ley.

4. Con carácter excepcional y con fines de investigación familiar, histórica o científica, se podrá autorizar el acceso a la información registral en los términos que reglamentariamente se establezcan.

ART. 81. Expedición de certificaciones.

1. Son competentes para expedir certificaciones de los datos que consten en los asientos del Registro Civil los Encargados de las Oficinas del Registro Civil.

2. Las certificaciones se expedirán por medios electrónicos. Excepcionalmente, también se podrán expedir por medios no electrónicos. A petición del interesado, las certificaciones podrán ser bilingües.

3. Las certificaciones previstas en el apartado anterior se presumen exactas y constituyen prueba plena de los hechos y actos inscritos en el Registro Civil.

4. Cuando por circunstancias excepcionales la certificación no fuese conforme con los datos que consten en el Registro Civil, se estará a lo que de éste resulte, sin perjuicio de la responsabilidad que proceda.

ART. 82. Clases de certificaciones.

1. Las certificaciones podrán ser literales o en extracto. Salvo solicitud expresa en sentido contrario, se expedirá certificación en extracto. Si no constara ningún asiento, la certificación será negativa.

2. Las certificaciones literales comprenderán la totalidad del contenido del asiento o asientos a que se refieran.

3. Las certificaciones en extracto contendrán los datos que se determinen reglamentariamente.

CAPÍTULO SEGUNDO
Datos sometidos a régimen de protección especial

ART. 83. Datos con publicidad restringida.

1. A los efectos de la presente Ley, se considerarán datos especialmente protegidos:

a) La filiación adoptiva y la desconocida.

b) La discapacidad y las medidas de apoyo.

c) Los cambios de apellido autorizados por ser víctima de violencia de género o su descendiente, así como otros cambios de identidad legalmente autorizados.

d) La rectificación del sexo.

e) Las causas de privación o suspensión de la patria potestad.

f) El matrimonio secreto.

2. Estarán sometidos al mismo régimen de protección los documentos archivados por contener los extremos citados en el apartado anterior o que estén incorporados a expedientes que tengan carácter reservado.

3. Los asientos que contengan información relativa a los datos relacionados en el apartado anterior serán efectuados del modo que reglamentariamente se determine con el fin de que, salvo el propio inscrito, solo se pueda acceder a ellos con la autorización expresada en el artículo siguiente.

Modificado por Ley 8/2021, de 2 de junio, por la que se reforma la legislación civil y procesal para el apoyo a las personas con discapacidad en el ejercicio de su capacidad jurídica. (BOE de 03-06-2021).

ART. 84. Acceso a los asientos que contengan datos especialmente protegidos.

Sólo el inscrito o sus representantes legales, quien ejerza el apoyo y que esté expresamente autorizado, el apoderado preventivo general o el curador en el caso de una persona con discapacidad podrán acceder o autorizar a terceras personas la publicidad de los asientos que contengan datos especialmente protegidos en los términos que reglamentariamente se establezcan. Las Administraciones Públicas y los funcionarios públicos podrán acceder a los datos especialmente protegidos del apartado 1.b) del artículo 83 cuando en el ejercicio de sus funciones deban verificar la existencia o el contenido de medidas de apoyo.

Si el inscrito ha fallecido, la autorización para acceder a los datos especialmente protegidos sólo podrá efectuarla el Juez de Primera Instancia del domicilio del solicitante, siempre que justifique interés legítimo y razón fundada para pedirlo.

En el supuesto del párrafo anterior, se presume que ostenta interés legítimo el cónyuge del fallecido, pareja de hecho, ascendientes y descendientes hasta el segundo grado.

Primer párrafo modificado por Ley 8/2021, de 2 de junio, por la que se reforma la legislación civil y procesal para el apoyo a las personas con discapacidad en el ejercicio de su capacidad jurídica. (BOE de 03-06-2021).

TÍTULO VIII
Régimen de recursos

Ver art. 29 LRC-1957.

ART. 85. Recursos contra las decisiones adoptadas por los Encargados de las Oficinas del Registro Civil.

1. Contra las decisiones adoptadas por los Encargados de las Oficinas Central, Generales y Consulares del Registro Civil en el ámbito de las competencias atribuidas por esta Ley, los interesados sólo podrán interponer recurso ante la Dirección General de los Registros y del Notariado, en el plazo de un mes.

2. En el caso de denegación de inscripción de sentencias y otras resoluciones judiciales extranjeras cuya competencia corresponde a la Oficina Central del Registro Civil, el interesado sólo podrá instar procedimiento judicial de exequátur.

ART. 86. Presentación del recurso y plazo de resolución.

1. El recurso se dirigirá a la Dirección General de Seguridad Jurídica y Fe Pública y se formulará en los términos previstos en la Ley 39/2015, de 1 de octubre, del Procedimiento Administrativo Común de las Administraciones Públicas.

El interesado podrá presentar el recurso en cualquiera de los lugares previstos para la presentación de escritos y solicitudes haciendo uso de los medios que prevé el ordenamiento jurídico.

2. La Dirección General resolverá el recurso en el plazo de seis meses siguientes a la recepción del escrito de interposición.

Transcurrido este plazo sin que la Dirección General de Seguridad Jurídica y Fe Pública haya dictado y notificado resolución expresa, se entenderá desestimada la pretensión, quedando expedita la vía jurisdiccional correspondiente.

> *Modificado por Ley 6/2021, de 28 de abril, por la que se modifica la Ley 20/2011, de 21 de julio, del Registro Civil. (BOE de 29-04-2021).*

ART. 87. Órgano **jurisdiccional competente.**

1. Las resoluciones y actos de la Dirección General de los Registros y del Notariado podrán ser impugnados ante el Juzgado de Primera Instancia de la capital de provincia del domicilio del recurrente, de conformidad con lo previsto en el artículo 781 bis de la Ley 1/2000, de 7 de enero, de Enjuiciamiento Civil. En estos procesos será emplazada la citada Dirección General a través de su representación procesal.

2. Quedan exceptuados del número anterior las resoluciones y actos de la Dirección General de los Registros y del Notariado relativos a la solicitud de nacionalidad por residencia que en aplicación del artículo 22.5 del Código civil se someten a la jurisdicción contencioso-administrativa.

3. La Dirección General de los Registros y del Notariado podrá impugnar ante el Juzgado de Primera Instancia competente las decisiones adoptadas por los Encargados de las Oficinas por ser las mismas contrarias a la doctrina establecida por el Centro Directivo. En estos procesos serán emplazados los interesados.

TÍTULO IX
Los procedimientos registrales

> *Ver arts. 92 a 97 LRC-1957.*

CAPÍTULO PRIMERO
Reglas generales de los procedimientos registrales

ART. 88. Tramitación de los procedimientos registrales.

1. Los procedimientos registrales serán tramitados y resueltos por el Encargado del Registro Civil de la Oficina donde se pretendiera efectuar el asiento. Los procedimientos de rectificación de asientos se tramitarán por el Encargado de la Oficina que los hubiese practicado.

2. La tramitación del procedimiento se ajustará a las reglas previstas en la Ley 39/2015, de 1 de octubre, del Procedimiento Administrativo Común de las Administraciones Públicas, en los términos que reglamentariamente se dispongan. El silencio administrativo en los procedimientos registrales será negativo.

> *Apdo. 2 modificado por Ley 6/2021, de 28 de abril, por la que se modifica la Ley 20/2011, de 21 de julio, del Registro Civil. (BOE de 29-04-2021).*

ART. 89. Legitimación para promover los procedimientos registrales.

Además del Ministerio Fiscal, pueden promover los procedimientos registrales quienes estuvieran obligados a promover la inscripción y cualquier persona que tenga interés en los asientos.

CAPÍTULO SEGUNDO
Rectificación de los asientos del Registro Civil

Ver art. 4 LRC-1957.

ART. 90. Rectificación judicial de los asientos.

Los asientos están bajo la salvaguarda de los Tribunales y su rectificación se efectuará en virtud de resolución judicial firme de conformidad con lo previsto en el artículo 781 bis de la Ley 1/2000, de 7 de enero, de Enjuiciamiento Civil.

ART. 91. Rectificación de los asientos por procedimiento registral.

1. No obstante lo previsto en el artículo anterior, pueden rectificarse a través de un procedimiento registral:

a) Las menciones erróneas de los datos que deban constar en la inscripción.

b) Los errores que proceden de documento público o eclesiástico ulteriormente rectificado.

c) Las divergencias que se aprecien entre la inscripción y los documentos en cuya virtud se haya practicado.

2. Las menciones registrales relativas al nombre y sexo de las personas cuando se cumplan los requisitos de la Ley para la igualdad real y efectiva de las personas trans y para la garantía de los derechos de las personas LGTBI, se rectificarán mediante el procedimiento registral previsto en dicha norma. En tales casos, la inscripción tendrá eficacia constitutiva.

Apdo. 2 modificado por Ley 4/2023, de 28 de febrero, para la igualdad real y efectiva de las personas trans y para la garantía de los derechos de las personas LGTBI. (BOE de 01-03-2023).

CAPÍTULO TERCERO
Declaraciones con valor de simple presunción

ART. 92. Declaraciones con valor de simple presunción.

1. Previo procedimiento registral, puede declararse con valor de simple presunción:

a) Que no ha ocurrido hecho determinado que pudiera afectar al estado civil.

b) La nacionalidad, vecindad civil o cualquier estado, si no consta en el Registro Civil.

c) El domicilio de los apátridas.

d) La existencia de los hechos mientras por fuerza mayor sea imposible el acceso a la información contenida en el Registro Civil.

e) El matrimonio cuya celebración conste y que no pueda ser inscrito por no haberse acreditado debidamente los requisitos exigidos para su validez por el Código Civil.

2. La acreditación de las circunstancias referidas en el apartado anterior se efectuará en los términos que reglamentariamente se determinen.

ART. 93. Carácter, anotación y publicidad de las declaraciones con valor de simple presunción.

1. Las declaraciones con valor de simple presunción tienen la consideración de una presunción legal iuris tantum.

2. La anotación de las declaraciones es obligatoria y precisará la fecha a que éstas se refieren.

3. El testimonio, literal o en extracto, de las declaraciones expresará siempre su valor de simple presunción.

La publicidad de las anotaciones y declaraciones queda sujeta a las mismas restricciones que la presente Ley prevé para las inscripciones.

TÍTULO X
Normas de Derecho internacional privado

ART. 94. Primacía del Derecho convencional y de la Unión Europea.

Las normas del presente Título se aplicarán sin perjuicio de lo que dispongan la normativa de la Unión Europea y los tratados e instrumentos internacionales vigentes en España.

ART. 95. Traducción y legalización.

1. Los documentos no redactados en una de las lenguas oficiales españolas o escritos en letra antigua o poco inteligible, deberán acompañarse de traducción efectuada por órgano o funcionario competentes. No obstante, si al Encargado del Registro le constare el contenido del documento podrá prescindir de la traducción.

2. Todo documento expedido por funcionario o autoridad extranjera se presentará con la correspondiente legalización. No obstante, quedan eximidos de legalización los documentos cuya autenticidad le constare al Encargado del Registro y aquéllos que llegaren por vía oficial o por diligencia bastante.

3. El Encargado que dude de la autenticidad de un documento, realizará las comprobaciones oportunas en el menor tiempo posible.

ART. 96. Resoluciones judiciales extranjeras.

1. Sólo procederá la inscripción en el Registro Civil español de las sentencias y demás resoluciones judiciales extranjeras que hayan adquirido firmeza. Tratándose de resoluciones de jurisdicción voluntaria, éstas deberán ser definitivas. En el caso de que la resolución carezca de firmeza o de carácter definitivo, únicamente procederá su anotación registral en los términos previstos en el ordinal 5.° del apartado 3 del artículo 40 de la presente Ley.

2. La inscripción de las resoluciones judiciales extranjeras se podrá instar:

1.° Previa superación del trámite del exequátur contemplado en la Ley de Enjuiciamiento Civil de 1881. Hasta entonces sólo podrán ser objeto de anotación en los términos previstos en el ordinal 5° del apartado 3 del artículo 40 de la presente Ley.

2.° Ante el Encargado del Registro Civil, quien procederá a realizarla siempre que verifique:

a) La regularidad y autenticidad formal de los documentos presentados.

b) Que el Tribunal de origen hubiera basado su competencia judicial internacional en criterios equivalentes a los contemplados en la legislación española.

c) Que todas las partes fueron debidamente notificadas y con tiempo suficiente para preparar el procedimiento.

d) Que la inscripción de la resolución no resulta manifiestamente incompatible con el orden público español.

El Encargado del Registro Civil deberá notificar su resolución a todos los interesados y afectados por la misma. Contra la resolución del Encargado del Registro Civil los interesados y los afectados podrán solicitar exequátur de la resolución judicial o bien interponer recurso ante la Dirección General de los Registros y del Notariado en los términos previstos en la presente Ley. En ambos casos se procederá a la anotación de la resolución en los términos previstos en el ordinal 5° del apartado 3 del artículo 40, si así se solicita expresamente.

3. El régimen jurídico contemplado en el presente artículo para las resoluciones judiciales extranjeras será aplicable a las resoluciones pronunciadas por autoridades no judiciales extranjeras en materias cuya competencia corresponda, según el Derecho español, al conocimiento de Jueces y Tribunales.

ART. 97. Documento extranjero extrajudicial.

Un documento público extranjero no judicial es título para inscribir el hecho o acto de que da fe siempre que cumpla los siguientes requisitos:

1.° Que el documento ha sido otorgado por autoridad extranjera competente conforme a la legislación de su Estado.

2.° Que la autoridad extranjera haya intervenido en la confección del documento desarrollando funciones equivalentes a las que desempeñan las autoridades españolas en la materia de que se trate.

3.° Que el hecho o acto contenido en el documento sea válido conforme al ordenamiento designado por las normas españolas de Derecho internacional privado.

4.° Que la inscripción del documento extranjero no resulte manifiestamente incompatible con el orden público español.

ART. 98. Certificación de asientos extendidos en Registros extranjeros.

1. La certificación de asientos extendidos en Registros extranjeros es título para la inscripción en el Registro Civil español siempre que se verifiquen los siguientes requisitos:

a) Que la certificación ha sido expedida por autoridad extranjera competente conforme a la legislación de su Estado.

b) Que el Registro extranjero de procedencia tenga, en cuanto a los hechos de que da fe, análogas garantías a las exigidas para la inscripción por la ley española.

c) Que el hecho o acto contenido en la certificación registral extranjera sea válido conforme al ordenamiento designado por las normas españolas de Derecho internacional privado.

d) Que la inscripción de la certificación registral extranjera no resulta manifiestamente incompatible con el orden público español.

2. En el caso de que la certificación constituya mero reflejo registral de una resolución judicial previa, será ésta el título que tenga acceso al Registro. Con tal fin, deberá reconocerse la resolución judicial de acuerdo a alguno de los procedimientos contemplados en el artículo 96 de la presente Ley.

3. Se completarán por los medios legales o convencionales oportunos los datos y circunstancias que no puedan obtenerse directamente de la certificación extranjera, por no contenerlos o por defectos formales que afecten a la autenticidad o a la realidad de los hechos que incorporan.

ART. 99. Declaración de conocimiento o voluntad.

1. Los hechos y actos que afecten al estado civil de las personas y cuyo acceso al Registro Civil se realice mediante declaración de conocimiento o voluntad, deberán ajustarse a su correspondiente ordenamiento aplicable, determinado conforme a las normas españolas de Derecho internacional privado.

2. Sin perjuicio de lo contenido en el número anterior, el acceso al Registro de hechos y actos relativos al estado de las personas a través de declaración de conocimiento o voluntad se llevará a cabo en los casos, formas, procedimientos y modalidades establecidos en esta Ley.

ART. 100. Acreditación del contenido y vigencia de la ley aplicable a los hechos y actos relativos al estado civil.

1. El contenido y vigencia del Derecho extranjero en relación con la adecuación a éste de un hecho o acto, la observancia de las formas y solemnidades extranjeras y la aptitud y capacidad legal necesarias para el acto, se podrán acreditar, entre otros medios, mediante la aseveración o informe de un Notario o Cónsul español, o de un Diplomático, Cónsul o autoridad competente del país cuya legislación resulte aplicable.

El Encargado del Registro podrá prescindir de dichos medios cuando conociere suficientemente la legislación extranjera de que se trate.

2. La falta de acreditación del contenido y vigencia del ordenamiento extranjero supondrá la denegación de la inscripción.

DISPOSICIONES ADICIONALES

D.A. 1.ª Ubicación y dotación de las Oficinas del Registro Civil.

1. Las Oficinas Generales del Registro Civil se ubicarán en las mismas localidades que correspondan a las sedes de los actuales Registros Civiles Municipales Principales, existentes a la entrada en vigor de esta Ley en las sedes de la capital de un partido judicial.

El Ministerio de Justicia, de oficio, previo informe de la Comunidad Autónoma afectada, o a iniciativa de la Comunidad Autónoma afectada, podrá modificar el número de Oficinas Generales del Registro Civil.

2. Los puestos de trabajo de las Oficinas del Registro Civil solo podrán ser cubiertos por personal de la Administración de Justicia, y se ordenarán de acuerdo con lo establecido en las correspondientes relaciones de puestos de trabajo.

3. Mediante el procedimiento previsto en la Ley Orgánica 6/1985, de 1 de julio, del Poder Judicial, para la ordenación e integración de las unidades que conforman las oficinas judiciales se determinarán las correspondientes relaciones de puestos de trabajo y las dotaciones del personal de la Administración de Justicia necesario para las Oficinas del Registro Civil. Las relaciones de puestos de trabajo podrán disponer la compatibilidad con funciones en oficina judicial en los casos en que así se prevea reglamentariamente.

Modificada por Ley 6/2021, de 28 de abril, por la que se modifica la Ley 20/2011, de 21 de julio, del Registro Civil. (BOE de 29-04-2021).

D.A. 2.ª Régimen jurídico de los Encargados del Registro Civil.

1. En la forma y con los requisitos que reglamentariamente se determinen, las plazas de Encargados del Registro Civil se proveerán entre letrados de la Administración de Justicia. La convocatoria y resolución de los concursos para proveer las plazas corresponderá al Ministerio de Justicia. No obstante, las plazas de Encargados de la Oficina Central y de Encargados de aquellas Oficinas Generales que se ubiquen en las localidades donde se encontraban Registros Civiles Exclusivos se proveerán por el Ministerio de Justicia por el sistema de libre designación. El nombramiento y cese de las plazas provistas por el sistema de libre designación será a propuesta de las Comunidades Autónomas con competencias ejecutivas en Registro Civil o asumidas en materia de Justicia cuando dicha Oficina General esté situada en su ámbito territorial. El Encargado del Registro Civil recibirá la formación específica que determine el Ministerio de Justicia.

2. El ejercicio de esta función por los miembros del Cuerpo de letrados de la Administración de Justicia se considerará como situación de servicio activo en dicho Cuerpo y podrá ser compatible con funciones en oficina judicial en los casos en que así se prevea reglamentariamente y en la correspondiente Relación de Puestos de Trabajo.

3. El régimen de sustitución de los Encargados del Registro Civil se regulará reglamentariamente.

4. El incumplimiento o la inobservancia de las instrucciones, resoluciones y circulares de la Dirección General de Seguridad Jurídica y Fe Pública que derivasen de las facultades de supervisión e inspección de los registros civiles que corresponden a ese Centro Directivo o se pusieren de manifiesto por otra vía, se considerarán falta disciplinaria conforme a lo tipificado reglamentariamente.

Modificada por Ley 6/2021, de 28 de abril, por la que se modifica la Ley 20/2011, de 21 de julio, del Registro Civil. (BOE de 29-04-2021).

D.A. 3.ª Expedientes de nacionalidad por residencia.

Las solicitudes de adquisición de nacionalidad española por residencia se iniciarán y tramitarán por los órganos de la Administración General del Estado que determine el Gobierno mediante Real Decreto.

D.A. 4.ª Constancia en el Registro Civil de los fallecimientos con posterioridad a los seis meses de gestación.

Figurarán en un archivo del Registro Civil, sin efectos jurídicos, los fallecimientos que se produzcan con posterioridad a los seis meses de gestación y no cumplieran las condiciones previstas en el artículo 30 del Código Civil, pudiendo los progenitores otorgar un nombre.

Este archivo quedará sometido al régimen de publicidad restringida.

Ver D.T. 9.ª LRC-2011.

D.A. 5.ª Oficinas colaboradoras del Registro Civil y punto de acceso en Ayuntamientos.

Todas las secretarías de juzgados de paz o las unidades procesales de apoyo directo a juzgados de paz, o bien las oficinas de justicia en el municipio u otras del mismo tipo que se implanten en sustitución de las anteriores o como complemento de las mismas en virtud de ulteriores reformas legislativas, colaborarán con el Registro Civil desempeñando, en la forma que se desarrolle reglamentariamente, las funciones siguientes:

a) Recibirán por vía presencial y registrarán electrónicamente solicitudes, declaraciones o formularios, así como otros documentos necesarios para la tramitación de los procedimientos del Registro Civil.

b) Informarán a los ciudadanos en materias relacionadas con los procedimientos del Registro Civil.

c) Expedirán certificaciones de los asientos registrales obrantes en los libros físicos de Registro Civil que estén a su cargo y no puedan certificarse por medios electrónicos.

d) Expedirán certificaciones electrónicas de los asientos registrales, que se soliciten presencialmente en ellos.

e) Expedirán certificados de fe de vida.

f) Practicarán las actuaciones auxiliares no resolutivas que reglamentariamente se determinen.

g) Cualesquiera otras que determine la Dirección General de Seguridad Jurídica y Fe Pública.

En los municipios donde no se ubique una Oficina General, además de existir las Oficinas Colaboradoras con las funciones descritas anteriormente, los Ayuntamientos podrán solicitar al Ministerio de Justicia que les habilite las conexiones necesarias, conforme se regule reglamentariamente, para que los ciudadanos puedan presentar en dichos Ayuntamientos solicitudes y la documentación necesaria para las actuaciones ante el Registro Civil.

Las oficinas colaboradoras del Registro Civil no dispondrán de Encargado propio y para el desempeño de sus funciones se relacionarán con la Oficina General y el Encargado de su ámbito territorial. El Encargado de la Oficina General del ámbito territorial del que dependa una oficina colaboradora puede delegar funciones en el funcionario de los Cuerpos Generales de la Administración de Justicia de superior categoría que preste servicio en las oficinas colaboradoras o bien en el funcionario de la Administración local que sea expresamente designado por cada Ayuntamiento para atender dicha oficina de la localidad que no esté servida por funcionarios de la Administración de Justicia.

Modificada por Ley 6/2021, de 28 de abril, por la que se modifica la Ley 20/2011, de 21 de julio, del Registro Civil. (BOE de 29-04-2021).

D.A. 6.ª Uniformidad y dotación de los sistemas y aplicaciones informáticas en las Oficinas del Registro Civil.

Todas las Oficinas del Registro Civil utilizarán los mismos sistemas y aplicaciones informáticas. El Ministerio de Justicia proveerá, tanto en su desarrollo como en su explotación, el conjunto de aplicaciones que soportan la actividad de los procesos operativos que se tramitan en el Registro Civil.

El Ministerio de Justicia y las Comunidades Autónomas con competencias ejecutivas en la materia o transferidas en medios materiales de Administración de Justicia, establecerán los mecanismos de coordinación necesarios para proporcionar los servicios de acceso a los sistemas del Registro Civil, soporte microinformático, formación y atención a usuarios.

Modificada por Ley 6/2021, de 28 de abril, por la que se modifica la Ley 20/2011, de 21 de julio, del Registro Civil. (BOE de 29-04-2021).

D.A. 7.ª Puesta a disposición de los datos de identificación personal de nacionales y extranjeros.

Para la adecuada elaboración del código personal al que hace mención el artículo 6 de la presente Ley, así como para su uso en las aplicaciones informáticas en que sea preciso, el Ministerio del Interior pondrá a disposición del Ministerio de Justicia las respectivas secuencias alfanuméricas que atribuya el sistema informático vigente para el documento nacional de identidad y el número de identificación de extranjeros, así como los demás datos personales identificativos que consten en las bases de datos de ambos documentos.

De igual manera, el Ministerio de Justicia pondrá a disposición del Ministerio del Interior los datos personales identificativos inscritos en el Registro Civil que deban constar en el documento nacional de identidad o número de identificación de extranjeros.

Esta disposición adicional entró en vigor el 23/07/2011.

D.A. 8.ª Inscripción de defunción de desaparecidos durante la guerra civil y la dictadura.

El expediente registral, resuelto favorablemente, será título suficiente para practicar la inscripción de la defunción de las personas desaparecidas durante la Guerra Civil y la represión política inmediatamente posterior, siempre que, de las pruebas aportadas, pueda inferirse razonablemente su fallecimiento, aunque no sean inmediatas a éste. En la valoración de las pruebas se considerará especialmente el tiempo transcurrido, las circunstancias de peligro y la existencia de indicios de persecución o violencia.

Esta disposición adicional entró en vigor el 23/07/2011.

D.A. 9.ª Obtención de datos del Instituto Nacional de Estadística.

Para facilitar la tramitación telemática a los Registros Civiles, el Instituto Nacional de Estadística dará acceso telemático a los datos de domicilio relativos al Padrón municipal que guarden relación con los hechos inscribibles, así como, si fuera necesario para la correcta identificación de los citados hechos, a los datos de identificación que figuren en las inscripciones padronales, sin precisar para todo ello del consentimiento del interesado.

También se utilizarán los datos padronales para la actualización de la información obrante en las bases de datos de los Registros Civiles, en idénticas condiciones que en el párrafo anterior.

Añadida por Ley 19/2015, de 13 de julio, de medidas de reforma administrativa en el ámbito de la Administración de Justicia y del Registro Civil. (BOE de 14-07-2015). Ver D.T. 2.ª de esta norma en cuanto a la aplicación transitoria.

Este artículo entró en vigor el 15/10/2015.

D.A 10.ª Terminología.

En las parejas del mismo sexo registral, las referencias hechas a la madre se entenderán hechas a la madre o progenitor gestante y las referencias hechas al padre se entenderán referidas al padre o progenitor no gestante.

Añadida por Ley 4/2023, de 28 de febrero, para la igualdad real y efectiva de las personas trans y para la garantía de los derechos de las personas LGTBI. (BOE de 01-03-2023).

DISPOSICIONES TRANSITORIAS

D.T. 1.ª Procedimientos en tramitación a la entrada en vigor de la presente Ley.

A los procedimientos y expedientes iniciados con anterioridad a la entrada en vigor de la presente Ley les será aplicable la Ley de 8 de junio de 1957, del Registro Civil, y las disposiciones dictadas en su desarrollo.

D.T. 2.ª Registros individuales.

El Ministerio de Justicia adoptará las disposiciones necesarias para la progresiva incorporación de los datos digitalizados que consten en la base de datos del Registro Civil a registros individuales.

A tal efecto, se incorporarán a los registros individuales todas las inscripciones de nacimiento practicadas en los Registros Civiles municipales, tanto principales como delegados, Consulares y Central, desde 1920, y todas las inscripciones de matrimonio, defunciones y tutelas y demás representaciones legales practicadas en los Registros Civiles municipales, tanto principales como delegados, Consulares y Central, desde 1950.

El Ministerio de Justicia procederá a la recuperación informática de los asientos relativos a inscripciones anteriores a dichos años progresivamente, en función de las posibilidades presupuestarias.

> *Modificada por Ley 6/2021, de 28 de abril, por la que se modifica la Ley 20/2011, de 21 de julio, del Registro Civil. (BOE de 29-04-2021).*

D.T. 3.ª Libros de familia.

A partir de la fecha de entrada en vigor de la presente Ley no se expedirán Libros de Familia.

Los Libros de Familia expedidos con anterioridad a la entrada en vigor de la presente Ley seguirán teniendo los efectos previstos en los artículos 8 y 75 de la Ley del Registro Civil de 8 de junio de 1957.

> *Modificada por Ley 6/2021, de 28 de abril, por la que se modifica la Ley 20/2011, de 21 de julio, del Registro Civil. (BOE de 29-04-2021).*
>
> *Se ha eliminado al final del segundo párrafo el siguiente inciso: «(...) ...de 1957 y en ellos se seguirán efectuando los asientos previstos en los artículos 36 a 40 del Reglamento de la Ley del Registro Civil aprobado por Decreto de 14 de noviembre de 1958».*

D.T. 4.ª Extensión y práctica de asientos.

Hasta que el Ministerio de Justicia apruebe, mediante resolución de la Dirección General de Seguridad Jurídica y Fe Pública, la entrada en servicio efectiva de las aplicaciones informáticas que permitan el funcionamiento del Registro Civil de forma íntegramente electrónica conforme a las previsiones contenidas en esta Ley, los Encargados de las Oficinas del Registro Civil practicarán en los libros y secciones correspondientes regulados por la Ley de 8 de junio de 1957 los asientos relativos a nacimientos, matrimonios, defunciones, tutelas y representaciones legales. No resultará de aplicación, en tales casos, lo previsto en esta Ley respecto del código personal.

A dichos fines, mantendrán sus tareas y funciones de registro civil según lo previsto en el artículo 2.2 de la Ley Orgánica 6/1985, de 1 de julio, del Poder Judicial, en relación con los artículos 10 a 22 de la Ley del Registro Civil de 8 de junio de 1957, los que hasta el momento de la completa entrada en vigor de esta Ley hubiesen venido ejerciendo en los Registros Civiles como encargados, encargados por delegación, letrados de la Administración de Justicia y personal funcionario de los Cuerpos Generales de la Administración de Justicia y continuará aplicándose el artículo 27 de la Ley 38/1988, de 28 de diciembre, de Demarcación y de Planta Judicial.

Para la tramitación de procedimientos, expedición de publicidad y práctica de asientos en los términos del párrafo anterior, en tanto no se produzca la referida entrada en servicio de las aplicaciones informáticas, serán competentes las Oficinas del Registro Civil que lo vinieran siendo conforme a las reglas previstas en los artículos 15, 16, 17, 18 y 19 de la Ley del Registro Civil de 8 de junio de 1957, que seguirán aplicándose transitoriamente a estos solos efectos.

A fin de facilitar y agilizar la entrada en servicio efectivo de las aplicaciones informáticas, así como para agilizar la incorporación de datos digitalizados a los registros individuales, conforme a lo dispuesto en la disposición transitoria segunda de esta Ley, el Ministerio de Justicia, en colaboración con las Comunidades Autónomas con competencias en materia de Justicia, desarrollarán y presentarán proyectos adecuados en el marco del Plan de Transformación, Recuperación y Resiliencia.

El Gobierno, a través del Ministerio de Justicia, informará periódicamente a las Cortes Generales sobre el proceso de implantación del nuevo modelo de Registro Civil.

Modificada por Ley 6/2021, de 28 de abril, por la que se modifica la Ley 20/2011, de 21 de julio, del Registro Civil. (BOE de 29-04-2021).

D.T. 5.ª Publicidad formal del Registro Civil no digitalizado.

1. La publicidad formal de los datos incorporados a libros no digitalizados continuará rigiéndose por lo previsto en la Ley del Registro Civil de 8 de junio de 1957.

2. Se adecuarán los formatos y modelos de certificaciones al fin de posibilitar el uso de las lenguas oficiales.

Apdo. 2 modificado por Ley 6/2021, de 28 de abril, por la que se modifica la Ley 20/2011, de 21 de julio, del Registro Civil. (BOE de 29-04-2021).

D.T. 6.ª Valor histórico de los libros y documentos que obran en los archivos del Registro Civil.

Los libros y documentos que a la fecha de la entrada en vigor de esta Ley obren en los archivos del Registro Civil se considerarán patrimonio documental con valor histórico en los términos previstos por la Ley 16/1985, de 25 de junio, del Patrimonio Histórico Español, y por consiguiente no podrán ser destruidos.

D.T. 7.ª Oficinas Consulares de Registro Civil.

Lo dispuesto en esta Ley se aplicará a las Oficinas Consulares de Registro Civil atendiendo a los medios y sistemas informáticos, los canales electrónicos y las condiciones de funcionamiento disponibles.

D.T. 8.ª Creación de Oficinas del Registro Civil. Encargados y régimen transitorio de los letrados de la Administración de Justicia. Continuidad del personal al servicio de la Administración de Justicia destinado en el Registro Civil.

1. A la entrada en servicio efectiva de las aplicaciones informáticas que permitan el funcionamiento del Registro Civil de forma íntegramente electrónica cuando así lo establezca la resolución o resoluciones que se dicten al amparo de la disposición transitoria cuarta, quedarán suprimidos los juzgados que, de forma exclusiva, hayan venido ejerciendo funciones de Registro Civil Exclusivo y de Registro Civil Central y, en su lugar, se crearán las Oficinas Generales de Registro Civil y la Oficina Central de Registro Civil.

En las demás poblaciones sedes de la capital de un partido judicial, a la entrada en servicio efectiva de las aplicaciones informáticas según lo indicado en el párrafo anterior, los Juzgados de Primera Instancia o de Primera Instancia e Instrucción que han venido realizando las funciones de Registro Civil continuarán realizándolas, igualmente en calidad de Oficinas Generales de Registro Civil.

2. Los letrados de la Administración de Justicia que, en el momento de la entrada en servicio efectiva de las aplicaciones informáticas que permitan el funcionamiento del Registro Civil de forma íntegramente electrónica conforme a las previsiones contenidas en esta Ley, estén prestando servicios con destino definitivo en el Registro Civil Central o en los Registros Civiles Exclusivos allá donde los hubiere, así como los que tengan asignadas funciones de Registro Civil en los Juzgados de Primera Instancia o de Primera Instancia e Instrucción, pasarán a desempeñar las funciones de Encargados del Registro Civil, compatibilizándolas con las propias del cargo de letrado de la Administración de Justicia de la oficina judicial a la que hubiere estado adscrito el Registro Civil a la entrada en vigor de esta Ley. Las retribuciones serán las que se determinen en las relaciones de puestos de trabajo correspondientes, en atención a las funciones desarrolladas.

3. El personal funcionario al servicio de la Administración de Justicia que, en el momento de la entrada en servicio efectiva de las aplicaciones informáticas que permitan el funcionamiento del Registro Civil de forma íntegramente electrónica conforme a las previsiones contenidas en esta Ley, esté prestando servicios con destino definitivo en el Registro Civil Central y los Registros Civiles Exclusivos allá donde los hubiere o tenga asignadas funciones de registro en las oficinas judiciales con adscripción de Registro Civil, continuará desarrollando sus funciones respectivas de Registro Civil, compatibilizándolas, en su caso, con las que

ejerza dentro de la Administración de Justicia en la oficina judicial a la que estuviera adscrito el Registro Civil, con abono de la totalidad de las retribuciones que viniese percibiendo.

4. En tanto no se implanten las estructuras y relaciones de puestos de trabajo oportunas en el ámbito del Registro Civil, se mantendrán los actuales centros de destino según lo previsto en la Ley Orgánica 6/1985, de 1 de julio, del Poder Judicial. Las nuevas Oficinas del Registro Civil que se implanten conforme a esta Ley se considerarán centro de destino para los funcionarios de la Administración de Justicia.

Las menciones que se realizan en el artículo 521 de la Ley Orgánica 6/1985, de 1 de julio, del Poder Judicial, al Registro Civil han de entenderse hechas a las Oficinas Generales, Central y colaboradoras del Registro Civil que se establezcan en el territorio del Estado en virtud de lo previsto en esta Ley.

5. Tanto la elaboración de las relaciones de puestos de trabajo, como los procesos de acoplamiento del personal funcionario que se acometan para la creación de oficinas del Registro Civil, se regirán por las normas que sobre implantación de oficina judicial se contienen en la Ley Orgánica 6/1985, de 1 de julio, del Poder Judicial, así como en la normativa de desarrollo.

Modificada por Ley 6/2021, de 28 de abril, por la que se modifica la Ley 20/2011, de 21 de julio, del Registro Civil. (BOE de 29-04-2021).

D.T. 9.ª Aplicación de la disposición adicional cuarta.

Lo dispuesto en la disposición adicional cuarta resultará de aplicación a todas aquellas defunciones acaecidas con anterioridad a su entrada en vigor, siempre que así lo soliciten los progenitores en el plazo de dos años desde su publicación en el «Boletín Oficial del Estado».

D.T. 10.ª Destino de los Jueces Encargados de los Registros Civiles Exclusivos y de los Encargados del Registro Civil Central.

1. Los jueces y magistrados que al momento de la entrada en servicio efectiva de las aplicaciones informáticas que permitan el funcionamiento del Registro Civil de forma íntegramente electrónica conforme a las previsiones de esta Ley, se encuentren prestando servicios con destino definitivo como Encargados de los Registros Civiles Exclusivos y del Registro Civil Central, podrán optar por mantenerse ejerciendo dichas funciones en situación de servicios especiales en la Carrera Judicial, siempre que hubieran accedido a dicha plaza antes del 22 de julio de 2011, fecha de publicación en el «Boletín Oficial del Estado» de esta Ley. Estas plazas se declararán a extinguir, pero mantendrán transitoriamente las mismas retribuciones que se estuvieran percibiendo antes de cambiar a la situación de servicios especiales y se amortizarán cuando cesen los titulares que las ocupasen. Aquellos jueces que no desearan o no pudieran permanecer en esas funciones, quedarán en la situación que se prevé en los apartados finales de esta disposición.

2. Los asuntos jurisdiccionales pendientes de resolver se repartirán entre los juzgados de primera instancia o de primera instancia e instrucción según corresponda.

3. Las competencias jurisdiccionales atribuidas a jueces y magistrados por ostentar la condición de Encargados del Registro Civil, pasarán a corresponder a los juzgados de primera instancia o de primera instancia e instrucción conforme a las normas de competencia establecidas en las leyes procesales.

4. Los Jueces Encargados de los Registros Civiles exclusivos que con arreglo a lo dispuesto en esta Ley dejen de ostentar tal condición, quedarán provisionalmente a disposición del Presidente del Tribunal Superior de Justicia correspondiente, sin merma de las retribuciones que vinieren percibiendo. Mientras permanezcan en esta situación prestarán sus servicios en los puestos que determinen las respectivas Salas de Gobierno, devengando las indemnizaciones correspondientes por razón del servicio cuando éstos se prestaren en lugar distinto al del Registro Civil en el que estaban destinados, todo ello de conformidad con lo dispuesto en la Ley Orgánica del Poder Judicial. Estos Jueces serán destinados a los juzgados o tribunales del lugar y orden jurisdiccional de su elección, en la primera vacante que se produzca en el órgano elegido, a no ser que se trate de plazas de Presidente, de nombramiento discrecional o legalmente reservadas a magistrados procedentes de pruebas selectivas, salvo que éstos tuvieran esa condición, siempre y cuando reúnan el resto de condiciones objetivas previstas en la Ley Orgánica del Poder Judicial para poder acceder a dichas plazas.

5. Los Encargados de los Registros Civiles Centrales que por virtud de esta Ley dejen de ostentar tal condición quedarán adscritos a disposición del Presidente del Tribunal Superior de Justicia de Madrid. Mientras permanezcan en esta situación prestarán sus servicios en los puestos que determine la Sala de Gobierno y serán destinados a la primera vacante que se produzca en cualesquiera secciones civiles de la Audiencia Provincial de Madrid, a determinar por el Presidente, a no ser que se trate de las plazas de Presidente o legalmente reservadas a magistrados procedentes de pruebas selectivas, y para las que no se reconozca especial preferencia o reserva a especialista.

6. No obstante lo anterior, el tiempo durante el cual los jueces y magistrados afectados pueden permanecer en situación de adscripción provisional a las Presidencias de los Tribunales Superiores de Justicia podrá extenderse, a petición del propio interesado, a dos años a contar del momento en que perdieron la condición de Encargados del Registro Civil.

Modificada por Ley 6/2021, de 28 de abril, por la que se modifica la Ley 20/2011, de 21 de julio, del Registro Civil. (BOE de 29-04-2021).

D.T. 10.ª bis. Implantación de la Oficina Central y Oficinas Consulares.

Dictada la resolución de puesta en marcha de la Oficina Central, al amparo de la disposición transitoria cuarta, y hasta la total implantación efectiva de las Oficinas Consulares, la extensión y practica de asientos que se deban realizar conforme a la Ley de 8 de junio de 1957 respecto a los duplicados de las inscripciones consulares, las referencias a Jueces o Magistrados encargados del Registro Civil Central se entenderán hechas a los Letrados de la Administración de Justicia que desempeñen sus funciones como encargados del Registro Civil Central, de conformidad con lo previsto en esta Ley.

Añadida por Real Decreto-ley 8/2023, de 27 de diciembre, por el que se adoptan medidas para afrontar las consecuencias económicas y sociales derivadas de los conflictos en Ucrania y Oriente Próximo, así como para paliar los efectos de la sequía

D.T. 11.ª Referencias a resoluciones judiciales en los expedientes en tramitación.

Las menciones existentes en otras normas a autos y providencias que pudieran dictarse en los expedientes que se hallaren en tramitación en los Registros Civiles con arreglo a lo dispuesto en la Ley de 8 de junio de 1957, sobre el Registro Civil, y en el Decreto de 14 de noviembre de 1958, por el que se aprueba el Reglamento de la Ley del Registro Civil, se entenderán referidas a resoluciones del Encargado del Registro Civil.

Añadida por Ley 6/2021, de 28 de abril, por la que se modifica la Ley 20/2011, de 21 de julio, del Registro Civil. (BOE de 29-04-2021).

DISPOSICIONES DEROGATORIAS

D.DT. ÚNICA. Ley de 8 de junio de 1957 del Registro Civil, Ley 38/1988, de 28 de diciembre, de Demarcación y de Planta Judicial, y Código Civil.

Quedan derogadas cuantas normas se opongan a lo previsto en la presente Ley y, en particular, las siguientes:

1.ª Ley de 8 de junio de 1957, del Registro Civil, salvo en lo dispuesto en las disposiciones transitorias tercera, cuarta y quinta de esta Ley.

2.ª Los números 1 y 2 del artículo 27 de la Ley 38/1988, de 28 de diciembre, de Demarcación y de Planta Judicial, salvo en lo dispuesto en la disposición transitoria cuarta de esta Ley.

3.ª Los artículos 325 a 332 del Código Civil.

Modificada por Ley 6/2021, de 28 de abril, por la que se modifica la Ley 20/2011, de 21 de julio, del Registro Civil. (BOE de 29-04-2021).

Ley de 20/2011, de 21 de julio

DISPOSICIONES FINALES

D.F. 1.ª Derecho supletorio.

En todo lo no previsto en relación con la tramitación administrativa de los procedimientos regulados en la presente Ley se aplicará la Ley 39/2015, de 1 de octubre, del Procedimiento Administrativo Común de las Administraciones Públicas.

> *Modificada por Ley 6/2021, de 28 de abril, por la que se modifica la Ley 20/2011, de 21 de julio, del Registro Civil. (BOE de 29-04-2021).*

D.F. 2.ª Referencias a los Encargados del Registro Civil y a los Alcaldes.

1. Las referencias que se encuentren en cualquier norma referidas a Jueces o Magistrados encargados del Registro Civil se entenderán hechas al Encargado del Registro Civil, de conformidad con lo previsto en esta Ley.

2. Las referencias que se encuentren en cualquier norma al juez, **jueza**, Alcalde, **Alcaldesa** o **personal** funcionario que haga sus veces competentes para autorizar el matrimonio civil, deben entenderse referidas al notario **o notaria**, encargado **o encargada** del Registro Civil o **personal** funcionario diplomático o consular encargado del Registro Civil, para acreditar el cumplimiento de los requisitos de capacidad y la inexistencia de impedimentos o su dispensa; y al Alcalde, Alcaldesa, Concejal o Concejala en quien éste delegue, encargado **o encargada** del Registro Civil, notario **o notaria**, o **personal** funcionario diplomático o consular encargado del Registro Civil, para la celebración ante ellos del matrimonio en forma civil.

> *Apdo. 2 modificado por Ley Orgánica 1/2025, de 2 de enero, de medidas en materia de eficiencia del Servicio Público de Justicia. (BOE 03-01-2025). Esta modificación entró en vigor el 03-04-2025.*
>
> *Apdo. 2 anteriormente modificado por Ley 6/2021, de 28 de abril, por la que se modifica la Ley 20/2011, de 21 de julio, del Registro Civil. (BOE de 29-04-2021).*
>
> *Apdo. 2 modificado por Ley 15/2015, de 2 de julio, de la Jurisdicción Voluntaria. (BOE de 03-07-2015).*

D.F. 3.ª Reforma del Código Civil.

Se modifica el artículo 30 del Código Civil, que queda redactado en los siguientes términos:

«Artículo 30.

La personalidad se adquiere en el momento del nacimiento con vida, una vez producido el entero desprendimiento del seno materno.»

> *Esta disposición adicional entró en vigor el 23/07/2011.*

D.F. 4.ª Reforma de la Ley 1/2000, de 7 de enero, de Enjuiciamiento Civil.

Se añade un nuevo párrafo 17.º al apartado 1 del artículo 52, se modifica la rúbrica del capítulo V del título I del libro IV y se añade un nuevo artículo 781 bis a la Ley 1/2000, de 7 de enero, de Enjuiciamiento Civil, en los siguientes términos:

Uno. Se añade un nuevo párrafo 17.º al apartado 1 del artículo 52 con la siguiente redacción:

«17.º En los procesos contra las resoluciones y actos que dicte la Dirección General de los Registros y del Notariado en materia de Registro Civil, a excepción de las solicitudes de nacionalidad por residencia, será competente el Juzgado de Primera Instancia de la capital de provincia del domicilio del recurrente.»

Dos. Se modifica la rúbrica del capítulo V del título I del libro IV, que pasa a tener la siguiente redacción:

«De la oposición a las resoluciones administrativas en materia de protección de menores, del procedimiento para determinar la necesidad de asentimiento en la adopción y de la oposición a determinadas resoluciones y actos de la Dirección General de los Registros y del Notariado en materia de Registro Civil.»

Tres. Se añade un nuevo artículo 781 bis con la siguiente redacción:

«**Artículo 781 bis. Oposición a las resoluciones y actos de la Dirección General de los Registros y del Notariado en materia de Registro Civil.**

1. La oposición a las resoluciones de la Dirección General de los Registros y del Notariado en materia de Registro Civil, a excepción de las dictadas en materia de nacionalidad por residencia, podrá formularse en el plazo de dos meses desde su notificación, sin que sea necesaria la formulación de reclamación administrativa previa.

2. Quien pretenda oponerse a las resoluciones presentará un escrito inicial en el que sucintamente expresará su pretensión y la resolución a que se opone.

3. El secretario judicial reclamará a la Dirección General de los Registros y del Notariado un testimonio completo del expediente, que deberá ser aportado en el plazo de veinte días.

4. Recibido el testimonio del expediente administrativo, el secretario judicial emplazará al actor por veinte días para que presente la demanda, que se tramitará con arreglo a lo previsto en el artículo 753.»

D.F. 5.ª Tasas municipales.

Se añade un apartado 5 al artículo 20 del texto refundido de la Ley reguladora de las Haciendas Locales, aprobado por Real Decreto Legislativo 2/2004, de 5 de marzo, con la siguiente redacción:

«5. *Los Ayuntamientos podrán establecer una tasa para la celebración de los matrimonios en forma civil.»*

Modificada por Ley 15/2015, de 2 de julio, de la Jurisdicción Voluntaria. (BOE de 03-07-2015).

D.F. 5.ª bis. Aranceles notariales.

El Gobierno aprobará los aranceles correspondientes a la intervención de los Notarios en la tramitación de las actas matrimoniales previas y por la celebración de matrimonios en forma civil con la autorización de las escrituras públicas correspondientes.

Añadida por Ley 15/2015, de 2 de julio, de la Jurisdicción Voluntaria. (BOE de 03-07-2015).

D.F. 6.ª Adquisición de la nacionalidad española por los nietos de exiliados durante la guerra civil y la dictadura.

El derecho de opción previsto en la disposición adicional séptima de la Ley 52/2007, de 26 de diciembre, por la que se reconocen y amplían derechos y se establecen medidas en favor de quienes padecieron persecución o violencia durante la guerra civil y la dictadura, podrán también ejercerlo los nietos de las exiliadas españolas que conservaron la nacionalidad española tras haber contraído matrimonio con un extranjero con posterioridad al 5 de agosto de 1954, fecha de entrada en vigor de la Ley de 15 julio de 1954, siempre que no transmitiesen la nacionalidad española a sus hijos, por seguir éstos la del padre, y formalicen su declaración en tal sentido en el plazo de un año desde la entrada en vigor de la presente disposición.

Esta disposición adicional entró en vigor el 23/07/2011.

D.F. 7.ª Competencias de las Comunidades Autónomas en materia de Registro Civil.

Las Comunidades Autónomas tendrán participación en este ámbito ejerciendo las competencias ejecutivas en materia de Registro Civil o las que se deriven de competencias asumidas en materia de medios materiales y personales de la Administración de Justicia; de acuerdo con sus Estatutos de Autonomía, la Ley Orgánica 6/1985, de 1 de julio, del Poder Judicial y esta Ley, así como las demás disposiciones normativas.

Modificada por Ley 6/2021, de 28 de abril, por la que se modifica la Ley 20/2011, de 21 de julio, del Registro Civil. (BOE de 29-04-2021).

D.F. 8.ª Título competencial.

La presente Ley se dicta al amparo del artículo 149.1.5.ª y 8.ª de la Constitución Española, con excepción de la disposición final cuarta, que lo hace con base en el artículo 149.1.6.ª de la Constitución Española, que atribuye al Estado competencia exclusiva para dictar la legislación procesal.

Modificada por Ley 6/2021, de 28 de abril, por la que se modifica la Ley 20/2011, de 21 de julio, del Registro Civil. (BOE de 29-04-2021).

D.F. 9.ª Desarrollo reglamentario.

Se faculta al Gobierno para dictar cuantas disposiciones de aplicación y desarrollo de la presente Ley sean necesarias.

D.F. 10.ª Entrada en vigor.

La presente Ley entrará en vigor el 30 de abril de 2021, excepto las disposiciones adicionales séptima y octava y las disposiciones finales tercera y sexta, que entrarán en vigor al día siguiente de su publicación en el "Boletín Oficial del Estado", y excepto los artículos 49.2 y 53 del mismo texto legal, que entrarán en vigor el día 30 de junio de 2017.

Lo dispuesto en el párrafo anterior se entiende sin perjuicio de la entrada en vigor el 15 de octubre de 2015 de los artículos 44, 45, 46, 47, 49.1 y 4, 64, 66 y 67.3, y la disposición adicional novena, en la redacción dada por el artículo 2 de la Ley 19/2015, de 13 de julio, de medidas de reforma administrativa en el ámbito de la Administración de Justicia y del Registro Civil.

Asimismo, esta Ley entrará en vigor para las oficinas consulares del Registro Civil el día 1 de octubre de 2020, aplicándose de forma progresiva de conformidad con lo previsto en la disposición transitoria séptima y las disposiciones reglamentarias que se dicten al efecto.

Hasta la completa entrada en vigor de esta Ley, el Gobierno adoptará las medidas y los cambios normativos necesarios que afecten a la organización y funcionamiento de los Registros Civiles.

Modificada por Ley 3/2020, de 18 de septiembre, de medidas procesales y organizativas para hacer frente al COVID-19 en el ámbito de la Administración de Justicia. (BOE de 19-09-2020).

Por tanto,

Mando a todos los españoles, particulares y autoridades, que guarden y hagan guardar esta ley.

Madrid, 21 de julio de 2011.
JUAN CARLOS R.

El Presidente del Gobierno, JOSÉ LUIS RODRÍGUEZ ZAPATERO

ÍNDICE ANALÍTICO

A

C

D

E

F

I

J

L

M

R

S

T

V

DECRETO DE 14 DE NOVIEMBRE DE 1958 POR EL QUE SE APRUEBA EL REGLAMENTO DE LA LEY DEL REGISTRO CIVIL

DECRETO DE 14 DE NOVIEMBRE DE 1958 POR EL QUE SE APRUEBA EL REGLAMENTO DE LA LEY DEL REGISTRO CIVIL

–BOE núm. 296, de 11 de diciembre de 1958–

Este reglamento se seguirá aplicando en todo lo que no se oponga a lo previsto en la Ley 20/2011, de 21 de julio, del Registro Civil

La expresión «fe de vida, soltería o viudez» utilizada en este Reglamento quedará sustituida por la expresión «fe de vida o estado», y las referencias hechas a los Tribunales Superiores de Justicia se entenderán hechas a las Audiencias Territoriales, mientras aquéllos no se constituyan, según establece el art. 3 y la disposición transitoria 1 del Real Decreto 1917/1986, de 29 de agosto.

Las referencias hechas a las expresiones «Juzgados de Distrito», «Jueces de Distrito», «Fiscales de Distrito», «Secretarios de Juzgados de Distrito» y «Oficiales de la Administración de Justicia» se sustituyen en la forma conveniente a los términos «Juzgados municipales o comarcales», «Jueces municipales o comarcales», «Fiscales municipales», «Secretarios de la Justicia Municipal» y «Oficiales de la Justicia Municipal» según establece el art. 4 del Real Decreto 3455/1977, de 1 de diciembre.

La segunda de las disposiciones adicionales de la Ley del Registro Civil de ocho de julio de mil novecientos cincuenta y siete ordena que antes de comenzar a regir habrá de aprobarse el Reglamento para su ejecución.

En cumplimiento de tal mandato legal, se dicta el presente Reglamento, una vez implantada la sustancial reforma del Código Civil por la Ley de veintiocho de abril del año en curso, que, ineludiblemente, había de tener en cuenta. Puesto que el primer Cuerpo Legal constituye las «sedes materiae» de la regulación sustantiva de la persona y de su estado civil, cuya constancia oficial es misión del Registro; por lo que cualquier alteración de la norma civil sustantiva puede tener reflejo en la propia de aquel órgano, como lo han causado las recientes modificaciones relativas al matrimonio y a la adopción.

Diversas han sido las fuentes y elementos que han inspirado el nuevo Reglamento. En primer lugar, se han tenido en cuenta cuantos preceptos de la primitiva Ley del Registro Civil coordinaban con el nuevo sistema, no recogidos en la Ley, próxima a entrar en vigor, por su carácter casuístico o interpretativo.

También se ha tenido a la vista el Reglamento para la ejecución de la Ley anterior que, elaborado sin conocimiento de lo que fuera el Registro Civil como institución viva, resultaba manifiestamente insuficiente.

Y, por último, las disposiciones administrativas de diferente rango y época, y las resoluciones de la Dirección General de los Registros y del Notariado, han sido medios excepcionales para saber lo que ha sido un Registro Civil casi secular y para resolver la prolija problemática registral a través de las más diversas situaciones.

En la actual tarea legislativa se ha intentado dar certeza, simplicidad y unidad orgánica a multitud de normas anteriores, casuísticas, complementarias o interpretativas, a veces poco concordes entre sí o manifiestamente insuficientes para resolver las necesidades planteadas en el antiguo sistema.

La nueva Ley, además, ha organizado el Registro Civil en toda su complejidad y ha dado más tecnicismo a la institución, a la vez que la ha hecho más práctica, simple y flexible y, también, más completa, veraz y justa, lo que ha obligado a introducir en las antiguas normas reglamentarias congruentes alteraciones y a establecer otras para las materias en que la Ley partía de nuevas bases.

Los primeros artículos del Reglamento comprenden las disposiciones generales que, si por una parte han de dar al Registro la agilidad que exige el interés público y el de los particulares, de otra, afrontan ciertas cuestiones, cuya solución ha de ser la misma para todo tipo de actuación, bien se trate de asientos, expedientes o certificaciones. Entre dichas disposiciones destaca la que tiende a facilitar el servicio a los particulares que podrán acceder a cualquier Registro a través de la oficina de su domicilio.

Especial mención merece la disposición relativa a la capacidad, en orden al Registro, que se decide conforme a criterios impuestos por las necesidades prácticas, avalados por la solución que da a problema análogo la Ley de Jurisdicción Contencioso-Administrativa y, más recientemente, la Ley sobre Procedimiento Administrativo.

Las normas de jurisdicción voluntaria son de aplicación supletoria, en las actuaciones del Registro para aquellas cuestiones que el propósito de huir de un casuismo exagerado o la imprevisión hayan dejado sin solución reglamentaria. Esta aplicación está en armonía con la especial naturaleza de la actividad pública registral, tan distinta de la típica administración del Estado, regulada por el Derecho administrativo y sujeta a la jurisdicción contencioso-administrativa. La actividad pública registral, en íntimo contacto con el Derecho común, tiene por fin crear títulos de legitimación sobre el estado civil, constituir, a veces, con otros requisitos, el propio estado y, siempre, proporcionar a los particulares una información sobre la condición civil de las personas en que por sus garantías jurídicas puedan confiar. Estamos, pues, ante cuestiones civiles típicas de la tradicionalmente llamada Administración de Justicia, y por ello, desde su origen, encomendadas a los órganos de la jurisdicción ordinaria. Si en determinado escalón interviene en los expedientes del Registro Civil un órgano formalmente administrativo, la Dirección General de los Registros y del Notariado, sus funciones, en este orden, como en otros determinados de su competencia, no se diferencian esencialmente de los que corresponden, en los otros escalones, a los órganos judiciales y sus resoluciones, contra las que no cabe recurso alguno, dejan siempre abierta la vía Judicial ordinaria.

– La Ley establece que el Registro es público para quien tenga interés en conocer los asientos. Según la legislación anterior, se debían facilitar certificaciones del Registro a cualquier persona que las solicitara. Aun cuando no se ha producido un cambio radical de criterio, ahora se puntualiza el principio, con objeto de evitar abusos y exigir, en los casos señalados en el Reglamento, una cualificación especial del interés. Se han reglamentado concretamente las restricciones de publicidad impuestas por el artículo 51 de la Ley y, al efecto, se regula la expedición de certificaciones en extracto de nacimiento, de modo tal que, sin perjuicio de la identificación del nacido, resulte efectivo el principio que, «fuera de la familia, no podrá hacerse distinción de españoles por clase de filiación». El Libro de Familia se completa con el Libro de Filiación, que ahora se crea con igual finalidad que aquél, dentro y fuera del ámbito laboral, respecto de los hijos que no nacen de familia legítimamente constituida.

– Conforme a las directrices que marca la Ley, se desarrolla la organización y funcionamiento del Registro, se da simplicidad al mecanismo de los asientos y se tiende a alcanzar el máximo de eficacia mediante la acción de oficio y las sanciones a los particulares que olviden sus obligaciones.

En los Registros llevados por Jueces de Paz, como delegados del Encargado, se ha intensificado, de acuerdo con los criterios legales, intervención de éste, que es obligada en las cuestiones que salen de la fácil solución que proporcionarán los formularios. Se han sentado también las bases para que el Registro Civil en las grandes poblaciones se organice de acuerdo con su densidad demográfica y las necesidades del servicio público.

El sistema de libros duplicados, uno de cuyos ejemplares había de conservarse en la Secretaría del Juzgado del partido, no tuvo realidad en la práctica. Sin duda alguna, con ello, se hubiera garantizado la conservación de los asientos a costa de una complicación formal y burocrática: en el Reglamento actual tiene la misma finalidad la creación de un archivo provincial, en el que se integrarán los legajos de los Registros; de esta forma, en caso de destrucción, se asegura y facilita notablemente la reconstrucción de los asientos desaparecidos.

El Libro Diario dará garantía de la certeza de la fecha, de los asientos marginales, en los que, por definición, no es posible contar siempre con la que se deriva de la exigencia de que se extiendan por un orden sucesivo o sin dejar huecos o claros intermedios.

El Libro del Personal y Oficina proporcionará la historia de las modificaciones de cada demarcación y se facilitará así la busca de asientos del Registro, cuya competencia está determinada por el lugar en que ocurrió un hecho. El sistema de ficheros y el de notas marginales de coordinación dará agilidad a la función informativa del Registro, que no sólo debe servir para que los que ya conocen los datos obtengan las certificaciones que necesiten, sino también para que los interesados que no los conozcan puedan llegar a determinarlos por el propio Registro.

Se regulan las anotaciones con las cautelas convenientes para evitar su confusión con las inscripciones y para que se basen en títulos suficientes a su finalidad informativa. Supletoriamente se les aplica el régimen de las inscripciones, las cuales siempre tendrán un valor prevalente.

– Respecto de las inscripciones marginales en los folios de nacimiento, merece explicación el criterio adoptado en cuanto a los hechos que afecten a la patria potestad. La Ley prescribe la inscripción marginal de tales hechos, salvo el de fallecimiento de los padres, disposición que se cumple, pero evitando que haya inscripciones repetidas sobre un mismo hecho en distintas Secciones del Registro. Los hechos, pues, que son inscribibles separadamente y que producen, como consecuencia, una alteración de la patria potestad, sólo darán lugar a la nota marginal de referencia. De acuerdo con el criterio legal, la muerte de los padres no constará marginalmente en el folio de nacimiento.

– La filiación natural materna no solo llegará al Registro en virtud del acto de reconocimiento, sino que, conforme a las disposiciones de la nueva Ley se considerará acreditada por el parte técnico del alumbramiento y por la declaración de quien tenga conocimiento cierto del hecho, si bien es el padre la persona a quien la Ley cita en primer lugar entre los obligados a formular la declaración.

El Reglamento considera que, en consecuencia de lo establecido en la nueva Ley, el artículo 132 del Código Civil ha sido modificado de tal modo, que ya no se tachará de oficio toda revelación que sobre la madre natural se haga en los asientos en base a la declaración del padre. De esta manera adquirirán seguridad las inscripciones, no infrecuentes, de filiación materna natural practicadas en virtud de declaración formulada por padre concubinario. No se olvida la defensa que la Ley concede a la víctima de falsas atribuciones de filiación, y con esa finalidad bastará, según el Reglamento, que conste al Encargado la oposición de la interesada, para omitir toda mención de la maternidad en la inscripción. Así se evitarán asientos afrentosos, que habrían de quedar inmediatamente sin el efecto propio, en virtud del ulterior asiento de desconocimiento.

En cuanto a la filiación legítima, se han seguido rigurosamente las prescripciones del Código Civil, teniendo en cuenta que por dicho Cuerpo legal la presunción de legitimidad se asienta en un doble tipo de circunstancias, inscribibles unas en el folio de nacimiento y otras en la Sección II del Registro.

Sobre documentos públicos aptos para el reconocimiento de la filiación natural, se ha seguido la doctrina consagrada en la práctica.

En congruencia, por último, con la especial eficacia que tiene la inscripción, no se ha permitido la de reconocimiento alguno sin que se acredite, con un mínimo de garantías, la adecuación al ordenamiento jurídico.

A fin de facilitar la identificación de la persona y, a la vez, con el propósito de velar la situación enojosa del que carece de padres conocidos, los Encargados consignarán en la descripción de nacimiento o por nota marginal nombres de frecuente uso como si fueran de padre o madre del inscrito, que constará preceptivamente entre las menciones de identidad.

– Se completa y desarrolla lo que la Ley dispone sobre una serie de cuestiones, como son la de imposición de nombre propio, quién la hace y cómo; apellidos, en general; determinación de los de legitimado por concesión soberana y de los que adquieren la nacionalidad española: reglas para la inversión de los apellidos del hijo natural reconocido sólo por la madre; apellidos adoptivos y expedientes sobre nombres y apellidos. En cuanto a apellidos de los hijos adoptivos, se sigue lo que el Código Civil dispone después de su última reforma, y se completan, conforme a su espíritu, las normas sustantivas, procurando la mayor protección de los intereses del adoptado.

– Se regula especialmente el expediente sobre nacionalidad y se dan normas complementarias de las sustantivas, en las que, naturalmente, se inspiran; así las relativas a opción y a la nacionalidad de la mujer casada.

En general, no es posible que el Registro proporcione una prueba directa de la nacionalidad de la persona: pero para facilitar su determinación se pretende llevar al Registro, por vía de inscripción o anotación, según proceda, un gran número de los hechos influyentes en la misma.

La facilidad para inscribir ciertas declaraciones sobre nacionalidad se atenúa con el limitado alcance que se concede a la fe del Registro.

– En cuanto a matrimonio, se adapta el Reglamento al vigente Concordato del Estado español con la Santa Sede, cuyas doctrinas están sustancialmente reflejadas en el Código y en la Ley del Registro Civil. La inscripción del matrimonio canónico, por lo demás, es objeto de mero desarrollo reglamentario. Las normas sobre matrimonio civil siguen la línea impuesta por el Código, recientemente reformado; por la nueva Ley del Registro, por el Decreto de veintiséis de octubre de mil novecientos cincuenta y seis y por la Circular de la Dirección General de los Registros y del Notariado, de dos de abril de mil novecientos cincuenta y siete. Se concreta el régimen de consultas, recursos gubernativos e impugnaciones judiciales, perfilando las funciones del Juez de Paz en tan delicado acto jurídico.

– En cuanto a inscripciones de defunción, destacan las normas sobre fallecimiento en circunstancias excepcionales, las cuales implican un régimen de carácter más común y ordinario, que suple con ventaja a las numerosas y casuísticas disposiciones dictadas para situaciones de emergencia. También es de notar la flexible regulación de la licencia de inhumación para eliminar las dificultades suscitadas para la ordenación anterior.

– Respecto a la Sección IV, se han tenido en cuenta las disposiciones sobre Registro de Tutelas y Central de Ausentes. Por lo que hace a las representaciones legales distintas de la tutela o de la del ausente, el Reglamento es somero y restrictivo, porque la Ley, en esta parte, tiene un indudable carácter de ensayo: la prudencia aconseja recoger los datos de la experiencia antes de acometer una ordenación más amplia, detallada y precisa. No se han excluido, sin embargo, las representaciones que constan en documentes judiciales por la necesidad de adaptación al tenor de la Ley; su publicidad formal será más fácil por el Registro Civil que la que podían proporcionar los archivos judiciales.

– Se reciben los supuestos en que es necesario expediente gubernativo; se completa la concisión del texto legal y se dan reglas especiales para ciertos expedientes y para la inscripción de las resoluciones.

Especial atención se ha dedicado a los expedientes de inscripción de nacimiento fuera de plazo, a fin de disipar el confusionismo que existía hasta ahora sobro el modo de fijar la filiación dentro de este expediente.

La reconstrucción del Registro es objeto de un detallado ordenamiento, en el que se recogen las enseñanzas de la práctica y se prevén fórmulas flexibles, sin mengua de las debidas garantías.

Las declaraciones con valor de simple presunción podrán utilizarse, entre otros fines, para conseguir verdaderos certificados de nacionalidad, similares a los que se difunden en la legislación comparada, y cuya falta se acusaba en la nuestra.

La tramitación de los expedientes está presidida por los criterios de economía, celeridad y eficacia que el Estado trata de imponer en todas sus actuaciones. Por la que afecta a la competencia se parte del principio de atribuirla al Juez de Primera Instancia, dada la importancia que tiene cuanto afecte el estado civil, sin perjuicio de confiar la instrucción e, incluso en los casos que lo permita la naturaleza o menor entidad de la cuestión planteada –la decisión– a los propios Encargados, en aras a la rapidez y a fin de minar la excesiva acumulación de asuntos en los Juzgados de Primera Instancia.

La realidad exige una fácil prueba de la vida y de la soltería o viudez, y a este efecto se brindan a la Administración y a los particulares los más sencillos medios probatorios, la comparecencia del sujeto y la declaración jurada, respectivamente, con lo que, además, de acuerdo con las nuevas tendencias, se simplificará la mecánica burocrática. Se dispone, sin embargo, que se sigan expidiendo fes de vida, soltería o viudez, a cuyo efecto se ha establecido un procedimiento, con un mínimo de garantías, adecuado al fin pretendido.

– Sin perjuicio del principio de gratuidad respecto a los asientos u otros conceptos determinados, el Reglamento respeta el tradicional régimen arancelario y al propio tiempo regula el beneficio registral de pobreza con gran generosidad, facilitando extraordinariamente la prueba, de acuerdo con las exigencias de la práctica. Se prevén también otros supuestos de gratuidad en la expedición de certificaciones y se elimina el confusionismo actual en tales casos.

– La integración en el Reglamento de la ordenación orgánica del Cuerpo de Médicos del Registro Civil contribuirá a la simplificación de los textos legales, actualmente vigentes, sin mengua de lo que exige una adecuada sistematización legislativa, ya que dichos funcionarios están afectos al exclusivo servicio del Registro. Se ha procurado que, sin perjuicio de los derechos adquiridos, la reglamentación responda a los criterios que inspiraron la ordenación general de los funcionarios en cuanto no exija otra cosa la especialidad de la función. Se incorpora, simplificado, el ordenamiento de su Mutualidad Benéfica, creada por Orden de diecisiete de julio de mil novecientos cincuenta y uno, y, para representación del Cuerpo, se crea una Junta especial. El régimen económico de dichos funcionarios sigue siendo el de la percepción directa de derechos arancelarios. Teniendo en cuenta las necesidades del servicio y la posibilidad de una congrua dotación de los funcionarios, se limita dicho servicio a las capitales de provincia y poblaciones de más de cincuenta mil habitantes.

– La complejidad y el carácter innovador de la nueva legislación plantea una prolija serie de cuestiones de Derecho intertemporal, entre otras, las de cierre de la antigua Sección IV, incorporación al Registro Civil del Registro de Tutelas, publicidad formal, nuevos libros e impresos, nombre y apellidos y cartas de naturaleza. A resolverlas tienden las disposiciones transitorias, con las que se pretende también liquidar la compleja problemática suscitada a raíz de la guerra de Liberación por los asientos practicados en territorio no sujeto a las Autoridades legítimas, que ya fue abordada en disposiciones anteriores; a este efecto, y con el fin de mantener, hasta donde sea posible, la virtualidad de los asientos, se extiende, en principio, a los practicados en dichos territorios, el régimen ordinario sobre defectos y procedimientos de corrección.

– En las disposiciones finales se determina el régimen jurídico del Registro en las provincias africanas, que no puede ser otro que el general, salvo las excepciones que impongan las especialidades existentes en materia de órganos y de hechos inscribibles relativos a indígenas. La última disposición deja vigente el sistema actual de Aranceles, pues, aun reconociendo que la nueva legislación exige determinadas adaptaciones, éstas tendrán cabida en las disposiciones que les sean específicas.

En su virtud, a propuesta del Ministro de Justicia, de conformidad con el dictamen del Consejo de Estado y previa deliberación del Consejo de Ministros,

DISPONGO:

Redactado tal y como dispone la corrección de errores de este Reglamento (BOE de 21-01-1959).

ART. Único.

Se aprueba, con el carácter de definitivo, el adjunto Reglamento del Registro Civil, que comenzará a regir el primero de enero de mil novecientos cincuenta y nueve.

Así lo dispongo por el presente Decreto, dado en Madrid a catorce de noviembre de mil novecientos cincuenta y ocho.

FRANCISCO FRANCO

El Ministro de Justicia,
ANTONIO ITURMENDI BAÑALES

REGLAMENTO DEL REGISTRO CIVIL

TÍTULO PRIMERO
Disposiciones generales

CAPÍTULO I
Reglas comunes y complementarias

Ver arts. 1 a 8 LRC-1957.

ART. 1.

Los órganos del Registro Civil se comunicarán directamente entre sí de oficio. Por el mismo procedimiento se realizará la comunicación entre los Registros Consulares y los situados en España.

Modificado por Real Decreto 510/1985, de 6 de marzo, por el que se modifican determinados artículos del Reglamento de la Ley del Registro Civil y del Reglamento para la Organización y Régimen del Notariado. (BOE de 19-04-1985).

Ver arts. 9 a 14 LRC-1957.

ART. 2.

Las Autoridades, funcionarios o particulares podrán formular peticiones ante el Registro Civil de su residencia o domicilio, cuando la oficina competente, a la que se dará inmediato traslado, radique en otro término o demarcación.

Las notificaciones y, en general, toda comunicación al peticionario o parte se hará de oficio a través de la oficina de presentación en el domicilio que hubieren señalado en la misma población.

El Encargado, asistido, en su caso, por el Secretario, deberá trasladarse al lugar en que haya de formularse una declaración inscribible por persona que, por enfermedad u otra causa, no pueda acudir al Registro.

ART. 3.

Quienes tienen capacidad para realizar un acto de estado civil, la poseen para todas las actuaciones registrales relativas al mismo.

Ver art. 27 LRC-1957.

ART. 4.

La muerte del interesado no impide la inscripción pretendida ni la tramitación de un expediente en cualquier tiempo incoado.

ART. 5.

Salvo justificadas razones de urgencia, el despacho de asuntos se llevará a efecto a las horas de servicio, que se anunciarán en lugar visible al público.

La inscripción de defunción se considera siempre de urgencia.

ART. 6.

Para las obligaciones impuestas en esta legislación que no tengan señalado cumplimiento inmediato o plazo especial, éste será de tres días.

No se computará el día en que acaezca el hecho inicial del plazo.

ART. 7.

En las peticiones que promuevan expediente o que exijan una legitimación especial, deberá hacerse constar por diligencia del Encargado, Secretario u Oficial la identidad del peticionario, a no ser que la firma de éste hubiera sido autenticada o se comparezca por Procurador de los Tribunales.

Deberá constar la identidad de los testigos en todo caso.

Los particulares o los testigos que no fueren conocidos podrán ser identificados por dos testigos de conocimiento o mediante documento oficial de identificación.

Cuando para la inscripción sea necesaria la identificación, se expresará por diligencia en acta separada o en el propio cuerpo del asiento.

> *Modificado por Real Decreto 3455/1977, de 1 de diciembre, sobre modificación de determinados artículos del Reglamento de Registro Civil. (BOE de 25-01-1978).*

ART. 8.

La Oficina de presentación dará al peticionario, si éste lo pidiera, justificante de haberse formulado, verbal o por escrito, petición o declaración, o de la recepción de documentos, en su caso.

Se admitirá como recibo la fotocopia o copia simple del escrito o documento de que se trate, fechada, firmada y sellada por el funcionario a quien se entregue.

ART. 9.

En todas las oficinas del Registro habrá, a disposición del público, un ejemplar de la Ley y del Reglamento y de los formularios oficiales.

ART. 10.

En el Registro se utilizarán los libros e impresos oficiales, y, en su defecto, se seguirán los modelos oficiales, haciéndose constar la causa por la que se prescinde del impreso oficial.

El blanco del impreso destinado a la circunstancia que no pueda acreditarse se llenará con la frase «no consta».

ART. 11.

Los asientos, certificaciones y diligencias expresarán, en su caso, el carácter de sustituto del autorizante. Tratándose de Juez de Paz, no se hará mención de su calidad de delegado ni de circunstancia alguna del Juez Encargado.

> *Modificado por Real Decreto 1917/1986, de 29 de agosto, de modificación de determinados artículos del Reglamento del Registro Civil. (BOE de 19-09-1986).*

ART. 12.

Las menciones de identidad consisten, a ser posible, en los nombres y apellidos, nombre de los padres, número del documento nacional de identidad, naturaleza, edad, estado, domicilio y nacionalidad.

> *Modificado por Decreto 1138/1969, de 22 de mayo, por el que se modifican determinados artículos del Reglamento del Registro Civil. (BOE de 17-06-1969).*

ART. 13.

Firmarán dos testigos a ruego de quien debe y no sabe o no puede hacerlo.

Los mismos testigos no podrán sustituir en el asiento o diligencia a más de una persona.

> *Ver art. 36 LRC-1957.*

ART. 14.

Rubricará los asientos y certificaciones el empleado que materialmente los extienda.

ART. 15.

Las diligencias serán fechadas y firmadas por el Encargado y por el Secretario, donde existiere.

Ver art. 37 LRC-1957.

ART. 16.

En las actuaciones y expedientes son de aplicación supletoria las normas de jurisdicción voluntaria.

Modificado por Real Decreto 3455/1977, de 1 de diciembre, sobre modificación de determinados artículos del Reglamento de Registro Civil. (BOE de 25-01-1978).

CAPÍTULO II
De la publicidad del Registro

Sección Primera. De las certificaciones

Ver art. 7 LRC-1957.

ART. 17.

El Encargado y, por su delegación, el Secretario son los únicos funcionarios que pueden certificar de los asientos del Registro. Están, además, obligados a informar a los interesados para facilitarles la publicidad registral.

El interés en conocer los asientos se presume en quien solicita la certificación.

Modificado por Decreto 1138/1969, de 22 de mayo, por el que se modifican determinados artículos del Reglamento del Registro Civil. (BOE de 17-06-1969).

ART. 18.

La manifestación y examen de los libros tendrá lugar a la hora más conveniente para el servicio y bajo la vigilancia del Encargado.

ART. 19.

Sin perjuicio de lo dispuesto en el artículo 21, las Autoridades y funcionarios, cuando lo exijan los asuntos de su respectiva función, y con indicación de los mismos, pueden conocer, por examen directo, certificación o nota simple informativa, el contenido de cualquier asiento o documento del Registro, salvo los correspondientes al libro de Matrimonios Secretos.

Interesada de oficio, certificación o nota simple, sobre más de un folio registrar, el Encargado puede optar por la manifestación de Libros, excepto que otra cosa se imponga por Ley o Decreto o por la Dirección General. En estos últimos casos, podrá comprenderse en una sola certificación el contenido de diferentes folios.

Segundo párrafo redactado tal y como dispone la corrección de errores de este Reglamento (BOE de 21-01-1959).

Ver art. 324 RRC.

ART. 20.

Los Encargados comunicarán a los órganos oficiales, sin necesidad de petición especial, los datos exigidos por Ley, Real Decreto o por la Dirección General.

Igualmente remitirán al Instituto Nacional de estadística, a través de sus Delegaciones, y a los servicios de Estadística Municipal los boletines sobre nacimientos, abortos, matrimonios, defunciones u otros hechos inscribibles.

Los órganos competentes suministrarán, antes de que los hechos se hagan constar en el Registro, los impresos de boletines redactados de acuerdo con la Dirección General. Serán extendidas por el promotor o titular del asiento, Médico, Sanitario o Encargado, según prescriba el modelo y el Encargado consignará en ellos con el sello del Registro el tomo, página y fecha de la inscripción, y en los de abortos, los números del legajo correspondiente. No se consignarán en los boletines datos de identidad de los particulares afectados por los hechos, para cuya publicidad se requiere autorización especial.

Modificado por Real Decreto 1917/1986, de 29 de agosto, de modificación de determinados artículos del Reglamento del Registro Civil. (BOE de 19-09-1986).

ART. 21.

No se dará publicidad sin autorización especial:

1.° De la filiación adoptiva o desconocida o de circunstancias que descubran tal carácter y del cambio del apellido Expósito u otros análogos o inconvenientes.

2.° De la rectificación del sexo.

3.° De las causas de privación o suspensión de la patria potestad.

4.° De los documentos archivados, en cuanto a los extremos citados en los números anteriores o a circunstancias deshonrosas o que estén incorporados en expediente que tenga carácter reservado.

5.° Del legajo de abortos.

6.° De los cambios de apellido autorizados conforme a lo previsto en el párrafo tercero del artículo 208 de este Reglamento.

La autorización se concederá por el Juez Encargado y sólo a quienes justifiquen interés legítimo y razón fundada para pedirla. La certificación expresará el nombre del solicitante, los solos efectos para que se libra y la autorización expresa del Encargado. Este, en el registro directamente a su cargo, expedirá por sí mismo la certificación.

Números 1° y 3° modificados y se añade el 6° por Real Decreto 170/2007, de 9 de febrero, por el que se modifica el Reglamento del Registro Civil, aprobado por Decreto de 14 de noviembre de 1958. (BOE de 09-03-2007).

ART. 22.

No obstante, no requieren autorización especial para obtener certificación:

1.° Respecto de los extremos a que se refiere el número primero del artículo anterior, el propio inscrito o sus ascendientes, descendientes o herederos. Respecto de la adopción plena, el adoptante o el adoptado mayor de edad, y respecto de la simple, además, los herederos, ascendientes y descendientes de uno y otro.

2.° Respecto de la rectificación del sexo, el propio inscrito.

3.° Respecto de las causas de privación o suspensión de la patria potestad, el sujeto a ésta o sus ascendientes o descendientes o herederos.

4.° Respecto de los documentos archivados, las personas antes referidas en los distintos supuestos, y cuando se trate de resolución notificada, el destinatario de la notificación.

5.° Respecto del legajo de abortos, los padres.

6.° Respecto de los cambios de apellido autorizados conforme a lo previsto en el párrafo tercero del artículo 208, únicamente la persona inscrita.

Tampoco requieren autorización los que tienen bajo su guarda las personas antes referidas y los apoderados especialmente por aquéllos o estas. Aunque el apoderamiento escrito o la guarda no consten fehacientemente, el Encargado discrecionalmente podrá estimarlos acreditados.

En la certificación se expresará, en todos los supuestos de este artículo, el nombre del solicitante.

Número 3° modificado y se añade el 6° por Real Decreto 170/2007, de 9 de febrero, por el que se modifica el Reglamento del Registro Civil, aprobado por Decreto de 14 de noviembre de 1958. (BOE de 09-03-2007).

ART. 23.

Para obtener certificaciones no es necesaria solicitud por escrito, excepto:

1.° Si la busca ha de exceder de dos años.

2.° Para las que requieran autorización previa.
3.° Para las negativas, que necesariamente se referirán al tiempo expresamente indicado por el solicitante.
4.° Cuando se pretenda que, en su caso, se formalice resolución denegatoria.
5.° Cuando le presente en oficina distinta de la que ha de librar la certificación.
La solicitud contendrá los datos necesarios para la busca.

Número 2º redactado tal y como dispone la corrección de errores de este Reglamento (BOE de 21-01-1959).

ART. 24.

Las certificaciones que se soliciten con urgencia se expedirán o denegarán en veinticuatro horas.

ART. 25.

Denegada la certificación, se expedirá nota simple o, si se hubiere solicitado, se formalizará resolución denegatoria, con referencia en una y otra a la solicitud, indicando su fecha y peticionario. La nota o resolución será motivada en tanto no revele dato alguno de que no pueda certificarse y, en su caso, expresará, en fórmula general, que sólo pueden solicitar certificación las personas señaladas por las disposiciones vigentes. Entablado recurso contra la resolución, el Encargado elevará informe reservado sobre los motivos de la denegación.

ART. 26.

Las certificaciones se extenderán sin dejar espacio para transcripciones marginales. Los asientos marginales se transcribirán a continuación del texto, antes de la fecha y firma.
Cabe certificar sobre copias de los asientos, obtenidas por fotografía o procedimientos análogos del modo que autorice la Dirección General.

Modificado por Decreto 1138/1969, de 22 de mayo, por el que se modifican determinados artículos del Reglamento del Registro Civil. (BOE de 17-06-1969).

ART. 27.

En las certificaciones constarán:
1.° El Registro, con indicación en los Municipales, del término y provincia, y en los Consulares, de la población y Estado.
2.° Las menciones de identidad del inscrito que aparezcan en la inscripción principal.
3.° La página y tomo del asiento, o al folio y legajo correspondiente.
4.° Las demás circunstancias exigidas.
5.° La fecha, el nombre y firma del Encargado o del Secretario que certifique, y sello de la oficina.
Los defectos o lagunas del asiento se harán constar en caracteres destacados por el subrayado o diverso color o tipo de letra.

Modificado por Real Decreto 3455/1977, de 1 de diciembre, sobre modificación de determinados artículos del Reglamento de Registro Civil. (BOE de 25-01-1978).

Número 5.°: Ver art. 37 LRC-1957.

ART. 28.

Las certificaciones pueden ser positivas o negativas, y de asientos o de documentos archivados.
Las positivas de asientos pueden ser literales o en extracto.
Las literales comprenden íntegramente los asientos a que se refieren, con indicación de las firmas.
Las certificaciones en extracto u ordinarias, contienen los datos de que especialmente hace fe la inscripción correspondiente, según resulte de las inscripciones ulteriores modificativas, sin expresión de éstas, y, también, las notas marginales de referencia a las inscripciones o anotaciones de matrimonio, tutela, representación o defunción del nacido o a la de nacimiento.

ART. 29.

La certificación en extracto de nacimiento ordinaria no da fe de la filiación: expresará la fecha y lugar de nacimiento, sin precisar hora y sitio, y entre las menciones de identidad referirá los nombres propios de los padres, reales o figurados, que aparezcan en la inscripción. Tratándose de adoptados, mencionará únicamente el nombre del padre y madre cuyos apellidos ostentan en primer lugar.

Esta certificación declarará que sólo da fe del hecho, fecha y lugar del nacimiento y del sexo del inscrito.

ART. 30.

En la certificación literal de nacimiento se hará constar que se expide para los asuntos en los que sea necesario probar la filiación, sin que sea admisible a otros efectos.

> *Modificado por Real Decreto 1917/1986, de 29 de agosto, de modificación de determinados artículos del Reglamento del Registro Civil. (BOE de 19-09-1986).*

ART. 31.

Las certificaciones no requieren legalización para surtir sus efectos ante cualquier órgano, sin perjuicio de las diligencias de comprobación que éste estime oportuno realizar en caso de duda fundada.

> *Modificado por Real Decreto 3455/1977, de 1 de diciembre, sobre modificación de determinados artículos del Reglamento de Registro Civil. (BOE de 25-01-1978).*

ART. 32.

Las certificaciones referirán, literalmente o en extracto, según su clase, las anotaciones del mismo folio, en cuanto se relacionan con el hecho de que se certifica.

> *Ver art. 38 LRC-1957.*

ART. 33.

Las certificaciones positivas de documentos podrán ser totales o de particulares y, unas y otras, literales, en relación o mixtas. En la de particulares se hará constar que «en lo omitido no hay nada que amplíe, restrinja o modifique lo inserto», y si lo hay, se hará, necesariamente, relación de ello en la certificación.

Las certificaciones de documentos podrán hacer referencia a extremos concretos contenidos en un expediente terminado o en tramitación.

ART. 34.

Las negativas de asientos o documentos archivados harán referencia, según lo solicitado, a un tiempo determinado o al transcurrido desde el establecimiento del Registro respectivo.

ART. 35.

De lo mismo que puede certificarse se dará, sin garantía, nota simple informativa a quien la solicite.

> *Redactado tal y como dispone la corrección de errores de este Reglamento (BOE de 21-01-1959).*

Sección Segunda. Del Libro de Familia

> *Modificado por Real Decreto 1917/1986, de 29 de agosto, de modificación de determinados artículos del Reglamento del Registro Civil. (BOE de 19-09-1986).*
>
> *Ver art. 8 LRC-1957.*

ART. 36.

El Libro de Familia se abre con la certificación del matrimonio no secreto y contiene sucesivas hojas destinadas a certificar las indicaciones registrales sobre el régimen económico de la sociedad conyugal, el nacimiento de los hijos comunes y de los adoptados conjuntamente por ambos contrayentes, el fallecimiento de los cónyuges y la nulidad, divorcio o separación del matrimonio.

También se entregará Libro de Familia al progenitor o progenitores de un hijo no matrimonial y a la persona o personas que adopten a un menor. Se hará constar, en su caso, el matrimonio que posteriormente contraigan entre sí los titulares del Libro.

En el Libro se asentará con valor de certificaciones cualquier hecho que afecte a la patria potestad y la defunción de los hijos, si ocurre antes de la emancipación.

Los asientos-certificaciones son en extracto, sin transcripción de notas y en los de nacimientos no se expresará la clase de filiación. Pueden rectificarse en virtud de ulterior asiento-certificación.

Modificado por Real Decreto 1917/1986, de 29 de agosto, de modificación de determinados artículos del Reglamento del Registro Civil. (BOE de 19-09-1986).

ART. 37.

El Libro de Familia se entregará a sus titulares, o a personas autorizadas por éstos, inmediatamente después de la inscripción del matrimonio en el Registro ordinario o, salvo que ya lo tuvieren, cuando se inscriba una filiación no matrimonial o una adopción.

Cuando la entrega del Libro tenga lugar por consecuencia de la inscripción de una adopción, habrá de cancelarse el asiento de nacimiento que figure en el anterior Libro de Familia expedido, en su caso, al progenitor a progenitores por naturaleza. Si en este Libro anterior consta únicamente ese asiento de nacimiento, dicho Libro será anulado.

Modificado por Real Decreto 1917/1986, de 29 de agosto, de modificación de determinados artículos del Reglamento del Registro Civil. (BOE de 19-09-1986).

ART. 38.

La entrega del Libro, cualquiera que sea el tiempo en que tenga lugar, se hará constar siempre al margen de la correspondiente inscripción de matrimonio o, en defecto de éste, en cada una de las inscripciones de nacimiento.

Los cónyuges o el titular o titulares de la patria potestad tendrán siempre el Libro correspondiente. En caso de pérdida o deterioro, obtendrán del mismo Registro un duplicado, en el que se extenderán las certificaciones oportunas. En el duplicado se expresará que sustituye al primitivo y de su expedición se tomará nota en las inscripciones correspondientes del Registro.

Modificado por Real Decreto 1917/1986, de 29 de agosto, de modificación de determinados artículos del Reglamento del Registro Civil. (BOE de 19-09-1986).

ART. 39.

El titular del Libro exigirá que en él se extiendan todas las certificaciones pertinentes inmediatamente de la inscripción. El Encargado del Registro velará, especialmente por el cumplimiento de esta obligación.

ART. 40.

El Encargado facilitará gratuitamente, a los titulares del Libro, las hojas supletorias de los impresos necesarios del mismo tamaño y de papel común. Las hojas supletorias serán rubricadas por el Encargado y selladas con el de la oficina, y su número se expresará por diligencia al final de la última.

TÍTULO II
De los órganos del Registro

CAPÍTULO I
De la Dirección General de los Registros y del Notariado

ART. 41.

Dentro del Ministerio de Justicia, compete a la Dirección General de los Registros y del Notariado la dirección e inspección de los servicios del Registro Civil. En general, le corresponde cumplir y hacer cumplir la Ley, el Reglamento, preparar las propuestas de cuantas disposiciones en la materia hayan de revestir forma de Orden o Real Decreto e informar sobre las cuestiones propias del Registro Civil.

Será oído el Ministerio de Asuntos Exteriores sobre las peculiaridades del servicio de libros e impresos en cuanto a los Registros Civiles en el extranjero.

Modificado por Real Decreto 1917/1986, de 29 de agosto, de modificación de determinados artículos del Reglamento del Registro Civil. (BOE de 19-09-1986).

ART. 42.

La Dirección General comunicará a los órganos del Registro las resoluciones o instrucciones directamente o por conducto de los Presidentes de los Tribunales Superiores de Justicia o del Ministerio de Asuntos Exteriores.

Los Encargados o Inspectores del Registro Civil no quedan obligados por órdenes o instrucciones emanadas de Organismos distintos de aquellos a quienes la Ley encomienda este servicio. En consecuencia, toda orden dirigida a esos funcionarios por otros superiores jerárquicos indicará su carácter de traslado.

Modificado por Real Decreto 1917/1986, de 29 de agosto, de modificación de determinados artículos del Reglamento del Registro Civil. (BOE de 19-09-1986).

ART. 43.

Los Encargados del Registro pueden elevar a la Dirección, previo informe del Ministerio Fiscal, propuestas para mejorar el servicio o resolver cuestiones de carácter general.

Modificado por Real Decreto 1917/1986, de 29 de agosto, de modificación de determinados artículos del Reglamento del Registro Civil. (BOE de 19-09-1986).

CAPÍTULO II
De los Registros

Ver arts. 9 a 14 LRC-1957.

Sección primera. De los Registros Municipales

ART. 44.

En las poblaciones en que haya más de un Juzgado de Primera Instancia, el servicio del Registro Civil queda sujeto a las siguientes reglas:

1.ª Existirán uno o más Registros, siempre a cargo de Jueces de Primera Instancia, asistidos por los correspondientes Secretarios judiciales.

2.ª El Ministerio de Justicia, atendiendo a las circunstancias de cada población, adoptará o promoverá las medidas convenientes y en particular:

a) Si en el término municipal ha de existir un único Registro o varios, señalándose en este caso la competencia de cada uno.

b) El Juez o Jueces de Primera Instancia a quienes incumbe el Registro Civil y, en su caso, las funciones que a cada uno corresponden.

c) Si el Juez o Jueces han de dedicarse exclusivamente al servicio del Registro.

En todo caso, la decisión sobre estos extremos y la provisión de vacantes de Juez, Secretario y personal auxiliar se ajustarán a las disposiciones orgánicas de la Administración de Justicia.

Corresponde al Ministerio de Justicia, a propuesta de la Dirección General, la determinación del número de Médicos del Registro Civil y la distribución entre ellos de los servicios.

3.ª El Secretario, por delegación del Encargado, podrá desempeñar por si solo: la función de certificar; todas las funciones registrales a que se refiere el párrafo segundo del artículo 46, y las relativas a las fes de vida o estado. Las mismas atribuciones tendrá el Oficial habilitado de la Administración de Justicia en quien el Secretario, a su vez, delegue, previa autorización del Encargado.

4.ª En el ámbito de funciones referido en el párrafo segundo del artículo 46, las inscripciones que pueden practicarse en virtud de declaración pueden igualmente practicarse en virtud de acta que de tal declaración levante dicho Oficial o Secretario, siempre que se extienda el asiento antes de los veinte días de ocurrir el hecho inscribible.

Para que el Juez pueda expedir la licencia de entierro se requiere que se haya levantado el acta y que conste el parte y comprobación de la muerte en los términos exigidos para la inscripción.

Modificado por Real Decreto 1917/1986, de 29 de agosto, de modificación de determinados artículos del Reglamento del Registro Civil. (BOE de 19-09-1986).

ART. 45.

La Dirección General podrá autorizar, cuando el servicio lo requiera, la apertura de varios tomos del Libro Diario, así como los tomos que en cada una de las Secciones de un Registro pueden estar simultáneamente abiertos.

Modificado por Real Decreto 1917/1986, de 29 de agosto, de modificación de determinados artículos del Reglamento del Registro Civil. (BOE de 19-09-1986).

ART. 46.

En los Registros Municipales, el Juez de Paz actúa por delegación del Encargado y con iguales facultades, salvo en los expedientes.

En su virtud, extenderá las inscripciones dentro del plazo de nacimiento de hijos habidos en matrimonio, las ordinarias de defunción, las de matrimonio en forma religiosa mediante la certificación respectiva, las de matrimonio en forma civil cuyo previo expediente haya instruido, y las notas marginales que no sean de rectificación o cancelación.

No deberá, sin embargo, extender ningún otro asiento, salvo en casos de urgente necesidad, sin recibir instrucción particular y por escrito del Encargado, solicitada y despachada inmediatamente, la cual será archivada con los demás antecedentes relativos al asiento, reservándose minuta el Encargado.

En todo caso, cumplirá cuantos cometidos reciba del Encargado del Registro.

Las certificaciones, siempre, se expedirán y firmarán conjuntamente por el Juez y el Secretario.

Modificado por Real Decreto 1917/1986, de 29 de agosto, de modificación de determinados artículos del Reglamento del Registro Civil. (BOE de 19-09-1986).

Ver art. 37 LRC-1957.

ART. 47.

Corresponde a los Jueces de Primera Instancia ilustrar y dirigir a los Jueces de Paz, aclarando sus dudas, corrigiendo sus errores, dándoles las instrucciones necesarias para el desempeño de su cometido y encareciéndoles la máxima diligencia y la consulta en los casos dudosos.

Siempre que lo imponga el servicio y, al menos, una vez al año visitarán los Registros a su cargo para examinar minuciosamente todos los asientos, documentos archivados y diligencias posteriores a la última visita y proveer a lo necesario en orden a su buen funcionamiento. Si en el año o años anteriores no se hubieren efectuado estas visitas, darán cuenta de ello al Presidente del Tribunal Superior de Justicia.

Del resultado levantarán por duplicado acta minuciosa, uno de cuyos ejemplares entregarán al Juez de Paz; la visita se diligenciará en el Libro de Personal y Oficina y en cada uno de los de inscripciones abiertos.

Modificado por Real Decreto 1917/1986, de 29 de agosto, de modificación de determinados artículos del Reglamento del Registro Civil. (BOE de 19-09-1986).

ART. 48.

Los Jueces de Primera Instancia, en cuanto Encargados del Registro, serán sustituidos de acuerdo con lo prescrito para aquellos cargos.

Modificado por Real Decreto 1917/1986, de 29 de agosto, de modificación de determinados artículos del Reglamento del Registro Civil. (BOE de 19-09-1986).

ART. 49.

Juez y Secretario responden solidariamente de cuantos actos autoricen conjuntamente relativos al Registro.

El Secretario se atendrá a lo ordenado por el Juez; pero si estimare que hay infracción, salvará su responsabilidad dando seguidamente cuenta al órgano inmediato superior.

Modificado por Real Decreto 1917/1986, de 29 de agosto, de modificación de determinados artículos del Reglamento del Registro Civil. (BOE de 19-09-1986).

Sección segunda. De los Registros Consulares y Central

ART. 50.

Habrá un Registro para cada demarcación consular; el Ministerio de Asuntos Exteriores comunicará al de Justicia los Consulados de España en el extranjero y su demarcación territorial.

ART. 51.

Los Registros Consulares estarán a cargo de los Cónsules de España o, en su caso, de los funcionarios diplomáticos encargados de las Secciones consulares de la Misión Diplomática.

Serán sustituidos por el funcionario de carrera que corresponda y, en su defecto, por el Canciller o persona que le sustituya, según su Reglamento.

A falta del sustituto reglamentario, los hechos se inscribirán en el Registro Central.

Modificado por Real Decreto 1917/1986, de 29 de agosto, de modificación de determinados artículos del Reglamento del Registro Civil. (BOE de 19-09-1986).

ART. 52.

El Registro Civil Central estará a cargo de dos Magistrados, asistidos de otros tantos Secretarios Judiciales. Los Magistrados se sustituirán entre sí y, en su defecto, serán sustituidos por los encargados del Registro Civil de Madrid. La Dirección General de los Registros y del Notariado determinará las funciones que correspondan a cada Encargado.

Modificado por Real Decreto 644/1990, de 18 de mayo, por el que se dictan normas relativas al Registro Civil Central. (BOE de 25-05-1990).

ART. 53.

Los Registros Consulares carecen de Secretario; los asientos, certificaciones y diligencias se autorizarán solo por el Encargado.

Modificado por Real Decreto 1917/1986, de 29 de agosto, de modificación de determinados artículos del Reglamento del Registro Civil. (BOE de 19-09-1986).

ART. 54.

Asumirá las funciones que, en orden a cada Registro se asignan al Presidente del Tribunal Superior de Justicia correspondiente, respecto del Central, el Presidente del de Madrid, y respecto de los Consulares, el propio Encargado o el sustituto legal de carrera.

El Ministerio Fiscal estará representado en los expedientes relativos al Registro Central por quien corresponda, según el Registro ante quien se ventilen, y en todo lo demás relativo al Registro por el Fiscal que se le asigne entre los de Madrid. Respecto de los Consulares, por el Canciller del Consulado, y en defecto de sustituto reglamentario, por dos españoles capaces e instruidos, nombrados por el Jefe de la Oficina Consular o de la Misión Diplomática. El representante se atendrá a las normas que rigen el Ministerio Fiscal y actuará en este cometido con independencia de los Cónsules.

No se puede actuar en el mismo asunto como Encargado y representante del Ministerio Fiscal.

Modificado por Real Decreto 1917/1986, de 29 de agosto, de modificación de determinados artículos del Reglamento del Registro Civil. (BOE de 19-09-1986).

Sección tercera. De la segregación, extinción y división de los Registros

ART. 55.

Para cerrar un Registro en día señalado, el Encargado, a las cero horas, extenderá nota, con mención de la disposición, en el primer folio en blanco de cada libro. Los folios en blanco restantes serán inutilizados, trazando en toda su extensión un aspa e indicando al pie de cada uno su carácter de «Inutilizado», con la rúbrica del Secretario o Encargado, y sello de la oficina. En el último folio se pondrá nota de referencia a la de cierre.

Al ordenarse la segregación, división o extinción de un Registro se indicará el que conservará su archivo.

CAPÍTULO III
De la Inspección y sanciones

ART. 56.

La Dirección General ejerce la inspección superior por sus funcionarios del grupo A, Licenciados en Derecho, con la categoría de Subdirectores o Jefes de Servicio, que tienen carácter y atribuciones de Inspectores centrales, sin perjuicio de la superior facultad del Director General.

Modificado por Real Decreto 1917/1986, de 29 de agosto, de modificación de determinados artículos del Reglamento del Registro Civil. (BOE de 19-09-1986).

ART. 57.

Los Inspectores se atendrán a las instrucciones que reciban de la Dirección General para corregir las deficiencias que perturben el servicio.

ART. 58.

La inspección ordinaria de los Registros Municipales se ejerce por el Presidente del Tribunal Superior de Justicia respectivo o por el Magistrado en quien delegue para cada provincia.

La inspección se hará personalmente y una vez al año, sin perjuicio de las visitas extraordinarias que él o la Dirección estimen convenientes; dará cuenta a la Dirección General de la falta de inspección en el año o años anteriores.

La inspección recaerá:

1.° Sobre el Registro directamente a cargo del Juez de Primera Instancia, examinando las actas de las visitas que el Encargado hubiere efectuado en los Registros a su cargo, así como instrucciones particulares que hubiere dado a los Jueces de Paz.

2.° Sobre uno, al menos, por cada Juez de Primera Instancia de los Registros en que actúe por delegación el Juez de Paz, comprobando el cumplimiento de los deberes del respectivo Encargado.

Modificado por Real Decreto 1917/1986, de 29 de agosto, de modificación de determinados artículos del Reglamento del Registro Civil. (BOE de 19-09-1986).

ART. 59.

La inspección ordinaria de los Registros Consulares se ejercerá, sin sujeción a periodos, por el Jefe de la Misión Diplomática. Puede delegar en otros funcionarios diplomáticos o consulares destinados en la misma, previa autorización del Ministerio de Asuntos Exteriores.

La del Registro a cargo del propio Jefe de Misión se efectuará por funcionario designado por el Ministerio de Asuntos Exteriores.

Modificado por Real Decreto 1917/1986, de 29 de agosto, de modificación de determinados artículos del Reglamento del Registro Civil. (BOE de 19-09-1986).

ART. 60.

La inspección se referirá al tiempo posterior a la última según el Libro de Personal y Oficina.

El Inspector examinará los libros, legajos y expedientes, y, de modo especial, los expedientes de matrimonio civil y la documentación de cuentas arancelarias. En los libros de inscripciones abiertos y en el de Personal y Oficinas se extenderá diligencia de inspección.

Del resultado levantará, por duplicado, acta minuciosa, uno de cuyos ejemplares entregará al Encargado.

ART. 61.

Los Inspectores ordinarios, en el mes de enero, darán a la Dirección General parte circunstanciado de las inspecciones designando nominalmente los Encargados en cuyos Registros no hubieran advertidos faltas y los que se encuentren en otro caso, con expresión de las observadas, medidas tomadas para corregirlas, si se ha procedido a la subsanación y las sanciones impuestas.

Modificado por Decreto 1138/1969, de 22 de mayo, por el que se modifican determinados artículos del Reglamento del Registro Civil. (BOE de 17-06-1969).

ART. 62.

En los años terminados en cero o cinco, los Inspectores ordinarios enviarán, con el parte remitido a la Dirección General, una Memoria de las medidas aconsejables para el servicio, de cuya redacción encargarán, con un año de anticipación, a un Encargado de Registro, el cual utilizará los informes y propuestas de los demás, sujetos al mismo Inspector.

La Dirección podrá señalar, con la debida antelación, el tema o temas a que debe ceñirse la Memoria.

Un resumen de las Memorias, aprobado por la Dirección General, se incorporará al Anuario de este Centro.

Modificado por Real Decreto 1917/1986, de 29 de agosto, de modificación de determinados artículos del Reglamento del Registro Civil. (BOE de 19-09-1986).

ART. 63.

Los particulares, así como el Ministerio Fiscal o cualquier funcionario, pueden denunciar cualquier infracción, morosidad o negligencia en orden al Registro al Inspector ordinario o a la Dirección General.

Modificado por Real Decreto 1917/1986, de 29 de agosto, de modificación de determinados artículos del Reglamento del Registro Civil. (BOE de 19-09-1986).

ART. 64.

Los Inspectores que conozcan cualquier infracción en relación con el Registro están obligados:

1.° A su comprobación.

2.° A promover los remedios o expedientes para subsanarla.

3.° A imponer o proponer las multas.

4.° A dar cuenta a los órganos a quienes corresponda, en su caso, imponer corrección administrativa o exigir responsabilidades de otro orden.

ART. 65.

Los órganos del registro comunicarán a sus superiores las infracciones a las que corresponda sanción mayor que a que ellos puedan imponer o cometidas por funcionarios no sujetos a su autoridad.

Los Jueces de Paz impondrán, como Delegados del Registro, multas hasta 250 pesetas.

En ningún caso las multas serán inferiores de 50 pesetas; podrán imponerse, aunque los infractores hubieren cesado en sus cargos, siempre que no hayan transcurrido cinco años de la infracción.

Se impondrán previa citación del infractor, examinando las causas que excusen, atenúen o agraven la infracción y teniendo en cuenta su situación económica. Se harán efectivas en papel del Estado y, en su defecto, por la vía de apremio.

TÍTULO III
Reglas generales de competencia

Ver arts. 15 a 22 LRC-1957.

Sección primera. De la competencia de los Registros

ART. 66.

En el Registro constarán los hechos que afecten a españoles, aunque determinen la pérdida de su condición de tales o hayan acaecido antes de adquirirla. También se inscribirán los que afecten mediatamente a su estado civil.

La duda sobre la nacionalidad del sujeto no es obstáculo para la inscripción de hecho. Tampoco lo es el no estar matriculado en el Consulado.

También constarán los acaecidos en el curso de un viaje a bordo de naves o aeronaves españolas.

En las inscripciones de nacimiento que hayan de practicarse en los Registros Consulares o Central, sin que esté acreditada conforme a Ley la nacionalidad española del nacido, se hará constar expresamente esta circunstancia.

Modificado por Real Decreto 1917/1986, de 29 de agosto, de modificación de determinados artículos del Reglamento del Registro Civil. (BOE de 19-09-1986).

Ver art. 15 LRC-1957.

ART. 67.

La competencia del Registro de La Línea se extiende a Gibraltar en cuanto a los súbditos españoles. Se llevarán, respecto de dicho territorio, libros legajos y ficheros separados.

Párrafo segundo suprimido por Real Decreto 1183/1994, de 3 de junio, por el que se crea un Registro Civil Consular en Andorra la Vella. (BOE de 30-06-1994).

ART. 68.

Los nacimientos, matrimonios y defunciones se inscribirán en el Registro Municipal o Consular del sitio en que acaecen, cualquiera que sea el domicilio de los afectados, la incardinación de la parroquia o el lugar de enterramiento.

Cuando sea competente un Registro Consular, si el promotor está domiciliado en España, deberá practicarse antes la inscripción en el Registro Central, y después, por traslado, en el Consular correspondiente.

A los efectos de la inscripción dentro de plazo de nacimiento en el Registro Civil del domicilio del progenitor o progenitores legalmente conocidos, habrán de concurrir las condiciones establecidas por el artículo 16.2 de la Ley y la justificación del domicilio se realizará por exhibición de los documentos nacionales de identidad oportunos o, en su defecto, por certificación del padrón municipal.

El solicitante o solicitantes de tal inscripción deberán manifestar, bajo su responsabilidad, que no han promovido la inscripción en el Registro Civil correspondiente al lugar del nacimiento y acompañarán una certificación acreditativa de que tampoco se ha promovido la inscripción por la Dirección del Centro hospitalario en el que tuvo lugar el alumbramiento.

En estas inscripciones se hará constar expresamente, en la casilla destinada a observaciones, que se considera a todos los efectos legales que el lugar del nacimiento del inscrito es el municipio en que se ha practicado el asiento.

Párrafos tercero a quinto se añaden por Real Decreto 1063/1991, de 5 de julio, sobre reforma parcial del Reglamento del Registro Civil. (BOE de 09-07-1991).

Ver art. 16 LRC-1957.

ART. 69.

La inscripción de nacimiento o matrimonio ocurrido en el curso de un viaje se practica en el Registro del lugar en que se abandona el vehículo. Si el nacido o uno de los contrayentes falleciera antes de abandonarlo, dicha inscripción se practicará en el Registro en que se inscriba la defunción, y si fallecen ambos cónyuges, en aquel en que se inscriba el primer fallecimiento.

Reglamento del Registro Civil

ART. 70.

En caso de naufragio, en defecto de diligencias instruidas por autoridades españolas, se decidirá la competencia para la inscripción por razón del lugar del siniestro.

En la catástrofe aérea rigen las reglas del naufragio.

Sección segunda. De los nacimientos, matrimonios y defunciones ocurridos en circunstancias especiales

Ver art. 19 LRC-1957.

ART. 71.

El acta en cuya virtud puede practicarse la inscripción de nacimiento, matrimonio o defunción, cualquiera que sea el tiempo transcurrido, será autorizada:

1.° Si los hechos ocurren en el curso de un viaje marítimo o aéreo, por el Contador del buque de guerra, o, en las otras naves, por el Comandante, Capitán o Patrón.

2.° Ocurridos en campaña, por el Comandante de la unidad o por cualquier Oficial encargado.

3.° En cualesquiera circunstancias que impidan el funcionamiento del Registro correspondiente, por el Encargado del mismo, por el Delegado especial nombrado por la Dirección General y, en defecto de todos, por la autoridad gubernativa local.

4.° En lazareto, cárcel, cuartel, hospicio, hospital u otro establecimiento público análogo, ya ocurra el hecho en los inmuebles, ya en las ambulancias u otros móviles accesorios, por el funcionario a cuyo cargo esté la dirección o jefatura u otro formalmente encargado por éste.

5.° En los lugares desde los que no fuere posible durante más de un día el traslado a la oficina del Registro, por la autoridad gubernativa local.

6.° En los núcleos de población distantes de la oficina del Registro y determinados por la Dirección General, por el Delegado del Registro Civil, nombrado por el Juez de Primera Instancia.

7.° En los lugares en que sólo haya Agentes consulares honorarios de España, por éstos, aunque no sean de nacionalidad española.

Modificado por Real Decreto 1917/1986, de 29 de agosto, de modificación de determinados artículos del Reglamento del Registro Civil. (BOE de 19-09-1986).

Número 6°: ver art. 253 RRC.

ART. 72.

Las autoridades o funcionarios referidos en el artículo anterior tienen los mismos deberes y facultades del Encargado del Registro respecto a la comprobación de nacimiento, filiación defunción o aborto, y, salvo en los supuestos de los números cuarto séptimo, para la licencia de entierro, que sólo expedirán si hubiera inconveniente para conseguir la ordinaria antes de las veinticuatro horas.

Modificado por Real Decreto 1917/1986, de 29 de agosto, de modificación de determinados artículos del Reglamento del Registro Civil. (BOE de 19-09-1986).

ART. 73.

Los obligados a hacer la declaración lo están también a promover el acta y la inscripción.

Levantada el acta, será transcrita en el Diario de Navegación u otro libro de naturaleza análoga que reglamentariamente lleve quien la autorice: a falta de tal libro, el autorizante llevará uno especial para estas actas con las precauciones establecidas para el Diario de la oficina del Registro. En todo caso el asiento de transcripción será firmado por la persona que lo autorice.

El acta, con los documentos, en su caso, se remitirá por el medio más rápido y seguro al Registro competente, cuyo Encargado comunicará al remitente la práctica del asiento, con mención del tomo y página, o la resolución recaída. En el libro Diario constará por diligencia el envío al Registro y la comunicación de éste con sus particularidades.

Pasados treinta días del hecho, la inscripción, en virtud del acta, sólo puede practicarse previo expediente.

En campaña pueden constar diferentes defunciones en una sola acta.

Redactado tal y como dispone la corrección de errores de este Reglamento (BOE de 21-01-1959).

ART. 74.

En el acta de nacimiento que se levanta antes de las veinticuatro horas del hecho, porque el viaje durante el cual ocurre ha de terminar antes o porque concurren circunstancias que impiden la demora, se harán constar las horas del nacido y las circunstancias de urgencia que concurren.

La supervivencia a dicho plazo se demostrará, a efectos de inscripción, por acta separada de identificación del nacido, diligenciada, a presencia del Ministerio Fiscal, por el Encargado del Registro competente o por el del domicilio y, en defecto de acta, por expediente gubernativo.

El fallecimiento, antes de las veinticuatro horas del nacimiento, constará, igualmente, en el acta, que será incorporada, con los documentos complementarios, al legajo de abortos; si ocurre en circunstancias distintas del nacimiento, se acreditará con la declaración y parte pertinentes que, con el acta de nacimiento, se llevarán a dicho legajo.

Redactado tal y como dispone la corrección de errores de este Reglamento (BOE de 21-01-1959).

ART. 75.

Las actas levantadas en los supuestos especiales referidos en el artículo 71 por las correspondientes autoridades o funcionarios de país extranjero, no excluyen la necesidad del previo expediente; si bastan para la inscripción en Registro extranjero, tendrán la misma consideración que las certificaciones de este Registro.

Sección tercera. De los traslados de inscripciones

Ver art. 20 LRC-1957.

ART. 76.

Pueden pedir el traslado de la inscripción de nacimiento, el nacido o sus representantes legales; de la de matrimonio, ambos cónyuges de común acuerdo, y de la de defunción, los herederos del difunto.

Trasladada una inscripción de nacimiento o de matrimonio al Registro del domicilio, habrán de transcurrir veinticinco años para que pueda admitirse un posterior traslado al Registro del nuevo domicilio.

Modificado por Real Decreto 1917/1986, de 29 de agosto, de modificación de determinados artículos del Reglamento del Registro Civil. (BOE de 19-09-1986).

ART. 77.

La inscripción se traslada por medio de certificación literal remitida por vía oficial, sin desglose de documentos archivados; del tomo y página de la nueva inscripción se hará referencia en el índice del tomo abierto en la fecha del hecho inscrito; y en el asiento cancelatorio, además de estos datos, se consignará el del registro donde aquella se practique mediante la comunicación de haberse realizado el traslado.

En caso de adopción, si los solicitantes del traslado así lo piden, en la nueva inscripción de nacimiento constarán solamente, además de los datos del nacimiento y del nacido, las circunstancias personales de los padres adoptivos y, en su caso, la oportuna referencia al matrimonio de estos.

En las nuevas inscripciones a las que refiere este artículo se hará referencia a la antigua.

Modificado por Real Decreto 820/2005, de 8 de julio, por el que se modifica el Reglamento del Registro Civil, aprobado por el Decreto de 14 de noviembre de 1958. (BOE de 23-07-2005).

Ver art. 307 RRC.

ART. 78.

Las inscripciones practicadas en los Registros Consulares y en el Central podrán ser trasladadas desde cualquiera de ellos al Registro del domicilio. En éste, si es municipal, se extenderán exclusivamente los posteriores asientos marginales.

Modificado por Real Decreto 1917/1986, de 29 de agosto, de modificación de determinados artículos del Reglamento del Registro Civil. (BOE de 19-09-1986).

Sección cuarta. De las incompatibilidades

ART. 79.

Los funcionarios del Registro pueden actuar con tal carácter respecto de los hechos en que hayan intervenido como Juez o Fedatario. Pero no intervendrán en los asuntos en que los funcionarios o los parientes con los que son incompatibles hayan actuado como Abogado ni tampoco en las actuaciones motivadas por infracciones cometidas por unos o por otros.

Ver art. 21 LRC-1957.

TÍTULO IV
De los asientos en general y modo de practicarlos

Ver arts. 23 a 39 LRC-1957.

CAPÍTULO I
De los títulos de inscripción

Sección primera. De las clases de títulos y sus requisitos

Ver arts. 23 y 30 LRC-1957.

ART. 80.

La inscripción se practicará en cuanto resulte legalmente acreditado cualquier hecho de que hace fe, según su clase, aun cuando no puedan constar todos los datos exigidos, sin perjuicio de las diligencias para completarla.

Redactado tal y como dispone la corrección de errores de este Reglamento (BOE de 21-01-1959).

ART. 81.

El documento auténtico, sea original o testimonio, sea judicial, administrativo o notarial, es título para inscribir el hecho de que da fe. También lo es el documento auténtico extranjero, con fuerza en España con arreglo a las leyes o a los Tratados internacionales.

Modificado por Real Decreto 1917/1986, de 29 de agosto, de modificación de determinados artículos del Reglamento del Registro Civil. (BOE de 19-09-1986).

ART. 82.

Las sentencias y resoluciones firmes son títulos suficientes para inscribir el hecho que constituyen o declaran; si contradicen hechos inscritos, deben ordenar para ser inscribibles, la rectificación correspondiente.

ART. 83.

No podrá practicarse inscripción en virtud de sentencia o resolución extranjera que no tenga fuerza en España; si para tenerla requiere «exequátur», deberá ser previamente obtenido.

Las sentencias o resoluciones canónicas, para ser inscritas, requieren que su ejecución, en cuanto a efectos civiles, haya sido decretada por el Juez o Tribunal correspondiente.

Ver art. 25 LRC-1957.

ART. 84.

No es necesario que tengan fuerza directa en España, excepto cuando lo impida el orden público.

1.° Las sentencias o resoluciones extranjeras que determinen o completen la capacidad para el acto inscribible.

2.° Las autorizaciones, aprobaciones o comprobaciones de autoridad extranjera en cuanto impliquen formas o solemnidades del acto en el país en que éste se otorga.

Redactado tal y como dispone la corrección de errores de este Reglamento (BOE de 21-01-1959).

ART. 85.

Para practicar inscripciones sin expediente en virtud de certificación de Registro extranjero, se requiere que éste sea regular y auténtico, de modo que el asiento de que se certifica, en cuanto a los hechos de que da fe, tenga garantías análogas a las exigidas para la inscripción por la Ley española.

Se completarán por los medios legales los datos y circunstancias que no puedan obtenerse de la certificación o parte extranjero, por no contenerlos, por no merecer, en cuanto a ellos autenticidad o por ofrecer, por cualquier otro motivo, dudas sobre su realidad.

La falta de inscripción en el Registro extranjero no impide practicarla en el español mediante título suficiente.

Sección segunda. De los requisitos complementarios de los documentos

ART. 86.

Con los documentos no redactados en castellano ni en ninguna de las demás lenguas oficiales en las respectivas Comunidades Autónomas, o escritos en letra antigua o poco inteligible, se acompañará traducción o copia suficiente hecha por Notario, Cónsul, Traductor u otro órgano o funcionario competentes.

No será necesaria la traducción si al Encargado le consta su contenido.

Modificado por Real Decreto 628/1987, de 8 de mayo, por el que se modifican los artículos 86 y 225 del Reglamento del Registro Civil. (BOE de 15-05-1987).

ART. 87.

Los documentos auténticos expedidos por autoridad o funcionario español competente no requieren legalización para surtir efectos en los Registros Civiles españoles.

Modificado por Real Decreto 1917/1986, de 29 de agosto, de modificación de determinados artículos del Reglamento del Registro Civil. (BOE de 19-09-1986).

ART. 88.

A salvo lo dispuesto en los Tratados internacionales, requieren legalización los documentos expedidos por funcionario extranjero y los expedidos en campaña o en el curso de un viaje marítimo o aéreo.

Modificado por Real Decreto 1917/1986, de 29 de agosto, de modificación de determinados artículos del Reglamento del Registro Civil. (BOE de 19-09-1986).

ART. 89.

Aun siendo preceptiva la legalización, no se exigirá si consta al Encargado la autenticidad, directamente, o bien por haberle llegado el documento por vía oficial o por diligencia bastante. No se exigirá legalización ulterior si consta la autenticidad de la precedente.

El Encargado que dude fundadamente de la autenticidad de un documento, realizará las comprobaciones oportunas, sin dilatar el plazo o tiempo señalado para su actuación.

Modificado por Real Decreto 1917/1986, de 29 de agosto, de modificación de determinados artículos del Reglamento del Registro Civil. (BOE de 19-09-1986).

ART. 90.

La legalización, a efectos del Registro, se hará, tratándose de documentos extranjeros, por el Cónsul español del lugar en que se expidan o por el Cónsul del país en España.

Si se trata de documentos expedidos en campaña o en el curso de un viaje marítimo o aéreo, la legalización se practicará, a estos efectos, por el Subsecretario del Ministerio correspondiente, sin perjuicio de la competencia atribuida al Cuerpo Militar de Intervención de la Defensa.

Modificado por Real Decreto 1917/1986, de 29 de agosto, de modificación de determinados artículos del Reglamento del Registro Civil. (BOE de 19-09-1986).

ART. 91.

La adecuación de un hecho o documento al Derecho extranjero no conocido por el Encargado se justificará por testimonio del Cónsul en España del Cónsul de España en el país o de Notario español que conozca tal Derecho.

CAPÍTULO II
De quienes promueven la inscripción y del auxilio para conseguirla

Ver art. 24 LRC-1957.

ART. 92.

Puede promover la inscripción quien presente título suficiente.

La obligación de promoverla se refiere a todos sus datos y circunstancias.

Redactado tal y como dispone la corrección de errores de este Reglamento (BOE de 21-01-1959).

ART. 93.

Están especialmente obligados a promoverla sin demora los representantes legales de los legalmente obligados, cuando éstos sean incapaces.

Modificado por Real Decreto 1917/1986, de 29 de agosto, de modificación de determinados artículos del Reglamento del Registro Civil. (BOE de 19-09-1986).

ART. 94.

El Encargado deberá de oficio:

1.° Practicar la inscripción cuando tenga en su poder los títulos suficientes. Si ha de devolverlos o remitirlos a otro órgano, librará gratuitamente testimonio en relación, que archivará en el legajo.

2.° Comunicar al Ministerio fiscal las denuncias de hechos o datos no inscritos o sobre errores del Registro y la insuficiencia de títulos determinantes de asientos, con su remisión y, si hubiera de devolverlos, de testimonio bastante igualmente librado por él.

3.° Instruir a los interesados y excitar o exigir su actuación cuando proceda.

Modificado por Real Decreto 1917/1986, de 29 de agosto, de modificación de determinados artículos del Reglamento del Registro Civil. (BOE de 19-09-1986).

ART. 95.

Las Autoridades, funcionarios y particulares prestarán el auxilio necesario para la concordancia del Registro y la realidad.

A este efecto, las Autoridades y funcionarios comunicarán los hechos no inscritos, con todas las circunstancias posibles, al Ministerio Fiscal, con remisión de los documentos que puedan servir de título. Será preferente el Registro Central al Consular, si ambos fueren competentes.

En los duplicados, autos, expedientes o matrices, se consignará esta comunicación, y extendido el asiento, la que debe enviar el Encargado, con indicación de tomo y página o de la resolución recaída.

Redactado tal y como dispone la corrección de errores de este Reglamento (BOE de 21-01-1959).

Ver art. 26 LRC-1957.

ART. 96.

Los órganos del Registro prestarán auxilio a los Registros extranjeros, en régimen de reciprocidad.

Modificado por Real Decreto 1917/1986, de 29 de agosto, de modificación de determinados artículos del Reglamento del Registro Civil. (BOE de 19-09-1986).

ART. 97.

Los Cónsules recabarán los partes de las inscripciones que afecten a españoles practicadas en el Registro del país.

Modificado por Real Decreto 1917/1986, de 29 de agosto, de modificación de determinados artículos del Reglamento del Registro Civil. (BOE de 19-09-1986).

CAPÍTULO III
De los Libros del Registro y de su archivo

Sección Primera. Disposiciones generales

ART. 98.

En cada Registro se llevarán:

1.° Los libros correspondientes a las Secciones que comprende: el Diario, que en los Registros Consulares puede ser sustituido por el Libro Registro General, y el de Personal y Oficina.

2.° Un orden de legajos por Sección: otro indistinto de Inscripciones, indicaciones, cancelaciones y anotaciones marginales el de Notas Marginales, el de Personal y Oficina, el de Expedientes, el de Otros Documentas y el de Abortos.

3.° Y además un fichero por cada Sección, otro de fes de vida o estado, y los cuadernos auxiliares y ficheros que juzgue conveniente el Encargado o prescriba la Dirección General.

Se sustituye la expresión «fe de vida, soltería o viudez» por la expresión «fe de vida o estado», por Real Decreto 1917/1986, de 29 de agosto, de modificación de determinados artículos del Reglamento del Registro Civil. (BOE de 19-09-1986).

Redactado tal y como dispone la corrección de errores de este Reglamento (BOE de 21-01-1959).

ART. 99.

Los Libros de Inscripciones del Registro Central serán:

1.° Los libros formados por Secciones, con los duplicados de las inscripciones consulares.

2.° Los ordinarios destinados a las demás inscripciones para las que es competente.

3.° El Libro Especial de Matrimonios Secretos.

ART. 100.

Los libros, objetos y documentos estarán en condiciones de seguridad, bajo la custodia del Encargado, que dará cuenta a la superioridad del especial peligro de incendio, inundación o cualquier otro que no pueda prevenir con sus medios.

Los legajos no remitidos al Archivo Provincial se custodiarán, a ser posible, en distinta habitación que los libros de inscripciones.

Ver art. 31 LRC-1957.

ART. 101.

Las diligencias judiciales que exijan el examen directo de los libros se practicarán en la oficina del Registro.

Por mandato judicial, se hará desglose temporal de los demás documentos, que se entregarán contra recibo.

ART. 102.

Los Registros Municipales remitirán cada año al Archivo Provincial, en el mes señalado por el Encargado de éste:

1.° Los legajos correspondientes a las inscripciones, una vez transcurridos cinco años de éstas.

2.° Los Libros de Inscripciones si han transcurrido, a partir de la inscripción principal, cincuenta años en el de defunciones y ciento veinticinco en los demás.

En iguales condiciones remitirá el Registro Central al Archivo de Madrid los legajos de inscripciones en libros ordinarios, estos mismos libros y los de inscripciones duplicadas.

El Encargado del Archivo velará por el cumplimiento del servicio.

ART. 103.

El Encargado del Registro Municipal, designado por la Dirección General, lo será también del Archivo Provincial, incluso a efectos de asientos y certificaciones.

El Archivo se instalará en un edificio distinto al del Registro Civil. La ordenación se hará por partidos judiciales, comarcas, términos municipales, Registros, clases de libro o legajo y, finalmente, dentro de cada clase, por orden cronológico.

Modificado por Real Decreto 1917/1986, de 29 de agosto, de modificación de determinados artículos del Reglamento del Registro Civil. (BOE de 19-09-1986).

ART. 104.

Los Libros de Inscripciones y el de Personal y Oficina se conservarán siempre.

Serán vendidos e inutilizados en forma que se evite la publicidad de su contenido; los legajos y Libros Diarios de fecha superior a cincuenta años; las fichas de defunciones y de fes de vida o estado de más de cien; las de matrimonio de más de ciento cincuenta, y las demás de fecha superior a doscientos.

Se sustituye la expresión «fe de vida, soltería o viudez» por la expresión «fe de vida o estado», por Real Decreto 1917/1986, de 29 de agosto, de modificación de determinados artículos del Reglamento del Registro Civil. (BOE de 19-09-1986).

Sección segunda. De los libros en especial

ART. 105.

Los libros estarán formados por hojas fijas o por hojas móviles, foliadas y selladas y en las que se expresará la Sección y tomo del Registro. Se encabezarán con diligencia de apertura, en la que se indicará el Registro, la Sección o clase de libro, el número correlativo que le corresponde entre los de su Sección o clase, y el de páginas destinadas a asientos.

Extendida la inscripción principal en el último folio registral útil, se pondrá diligencia de cierre expresiva del motivo de clausura, número total de inscripciones principales y el de páginas utilizadas.

Las diligencias de apertura y cierre se autorizarán por el Encargado y Secretario, en su caso.

El carácter especial del libro que, siempre por Secciones separadas, se abra por causa de corrección, reconstitución o rectificación, constará en las diligencias de apertura y cierre.

El Ministerio de Justicia podrá establecer que los libros se formen por encuadernación posterior de las declaraciones, formuladas en impreso oficial, que abran folio registral. En este caso, las declaraciones, numeradas y selladas, se conservarán por orden cronológico y se encuadernarán cuando el tomo abarque trescientos folios, incorporándose al libro las oportunas diligencias de apertura y cierre, así como los índices.

El Ministerio de Justicia podrá igualmente decidir, sin perjuicio de la conservación de los libros, la informatización de los Registros y la expedición de certificaciones por ordenador.

Modificado por Real Decreto 1917/1986, de 29 de agosto, de modificación de determinados artículos del Reglamento del Registro Civil. (BOE de 19-09-1986).

ART. 106.

No habiendo disponibles libros editados oficialmente, el Encargado, sin perjuicio de la responsabilidad en que pudiere haber incurrido, habilitará otros, formados como aquellos o conforme a los modelos establecidos.

El Encargado numerará las páginas destinadas a asientos y estampará el sello de su oficina en cada hoja, debiendo, además, rubricarlas en su parte superior. En la diligencia de apertura se hará mención de estos extremos.

Modificado por Real Decreto 1917/1986, de 29 de agosto, de modificación de determinados artículos del Reglamento del Registro Civil. (BOE de 19-09-1986).

ART. 107.

Los Libros de Inscripciones tendrán un índice de folios registrales, ordenado por apellidos de los inscritos, y los de Matrimonios, por apellidos de ambos cónyuges, y en él se expresará también el nombre propio y la página.

El índice de la Sección Cuarta se llevará por tutelados o titulares del patrimonio sujeto a la representación, antes de producirse ésta.

Las inscripciones principales practicadas en tomo distinto de aquel al que corresponderían de haberse extendido en el tiempo ordenado se reflejarán también en el índice de este último, con indicación de tomo y página.

Consumidas las hojas relativas a una letra, se indicará en la última línea el lugar en que continúa el índice; en general, se harán las indicaciones para facilitar la busca y evitar errores, permitiéndose adiciones e interlineados.

Modificado por Real Decreto 1917/1986, de 29 de agosto, de modificación de determinados artículos del Reglamento del Registro Civil. (BOE de 19-09-1986).

Sección tercera. De los libros auxiliares

ART. 108.

En el Libro Diario se consignará:

1.° La fecha de entrada de todo documento, con indicación de procedencia y legajo en que se archiva. Se exceptúan los antecedentes de inscripciones de nacimiento, matrimonio y defunción practicadas en tiempo oportuno y, salvo petición del presentante, los relativos a la expedición de fes de vida o estado, entregados a mano.

2.° Las declaraciones que no provoquen inmediatamente la inscripción a que van destinadas, aunque de ellas se levante acta; se hará referencia al contenido y declarante, que firmará el asiento, si no lo ha hecho en acta o documento que quede en el Registro.

3.° La fecha, tomo y página de las inscripciones y anotaciones marginales, expresando los nombres y apellidos del inscrito.

4.° La salida de cualquier documento, con expresión del asunto, pero no la entrega a mano de certificaciones.

Se sustituye la expresión «fe de vida, soltería o viudez» por la expresión «fe de vida o estado», por Real Decreto 1917/1986, de 29 de agosto, de modificación de determinados artículos del Reglamento del Registro Civil. (BOE de 19-09-1986).

ART. 109.

En el Libro Diario se abrirá un asiento para cada asunto bajo el número de orden correlativo, y en él se expresarán, sin claros intermedios, las entradas y salidas que ocurran con relación al mismo.

A este efecto, se dedicará, a cada asiento el espacio necesario, y cuando se agote, se abrirá otro suplementario con recíprocas referencias.

Los asientos no requieren firmas ni sellos. Las adiciones, apostillas, interlineados, raspaduras, tachados o enmiendas se salvarán, en la primera línea útil, dentro del asiento o en el suplementario, empleando paréntesis y haciendo referencias mutuas.

El libro estará provisto de un índice alfabético.

Ver art. 34 LRC-1957.

ART. 110.

Podrá exigirse que en el recibo de títulos, o aparte, se certifique gratuitamente el asiento de presentación.

El sello de entrada y salida, con la fecha correspondiente, será estampado en los documentos que produzcan asiento en el Libro Diario; no se dará salida a ninguna resolución o comunicación sin estamparlo en su minuta y en todos sus traslados.

ART. 111.

El Libro de Personal y Oficina tendrá las siguientes partes; primera, Inventario; segunda, Personal; tercera, Inspecciones, y cuarta, ámbito territorial y sus modificaciones.

ART. 112.

El inventario detallará los libros, legajos, el sello oficial y demás objetos archivados.

Se pondrá diligencia inmediata de las entradas y salidas, indicando la procedencia o destino; de las salidas se exigirá recibo.

En caso de destrucción se pondrá diligencia de su alcance en cada tomo y, en su día, el de la cancelación por traslado o reconstitución.

En las diligencias de toma de posesión, sustitución o reincorporación, el entrante expresará su conformidad con el inventario o las faltas que notare. En la propia diligencia o en otra complementaria explicará el sustituido, que también firmará, las faltas advertidas.

ART. 113.

En la parte de personal se dedicarán folios separados a cada cargo de la plantilla para expresar por diligencia:

1.º La fecha de posesión, con la firma y rúbrica del funcionario o empleado.

2.º En los folios de Encargado y Secretario, el cuadro respectivo de sustituciones y las que ocurran, incluso por incompatibilidad, expresando causa y duración.

3.º Fecha del cese.

4.º Las resoluciones declaratorias de que se han realizado actuaciones por quien no estaba legítimamente encargado.

Sólo se reflejarán los cambios de Juez encargado en el libro del Registro que está directamente a su cargo.

Modificado por Real Decreto 1917/1986, de 29 de agosto, de modificación de determinados artículos del Reglamento del Registro Civil. (BOE de 19-09-1986).

ART. 114.

La diligencia de inspección expresará el carácter, hora y fecha, inspector y entrega del duplicado del acta.

La de visita del Encargado a Registro en que actúa Juez de Paz contendrá análogas circunstancias.

ART. 115.

En la parte de «Ámbito Territorial» se consignará por diligencia:

1.º El del Registro, y en el de la sede del Juez Encargado, términos a su cargo.

2.º Las agregaciones o segregaciones.

3.º La procedencia del territorio, según la demarcación anterior a la creación o modificación y destino del segregado. Se expresarán los Registros afectados, con precisión de los que conservan el archivo, fecha de entrada en vigor de las modificaciones y disposiciones que las ordenen.

4.º Tiempo que haya dejado de funcionar el Registro por concurrir circunstancias excepcionales.

Modificado por Real Decreto 1917/1986, de 29 de agosto, de modificación de determinados artículos del Reglamento del Registro Civil. (BOE de 19-09-1986).

Sección cuarta. De los legajos y ficheros

ART. 116.

Los legajos se formarán por orden cronológico, dando un número correlativo a cada documento, cualquiera que sea el de sus folios.

En los relativos a asientos se incorporarán todos los antecedentes, tras de hacer, en cada documento, indicación rubricada por el Secretario o Encargado, del tomo y página: aunque el expediente esté archivado en el Registro, el testimonio de la resolución que causa un asiento se incorporará al legajo correspondiente.

Las actas de nacionalidad, vecindad u otras que no producen asiento en el mismo Registro y cualquier otro documento no exceptuado, se llevarán al legajo especial de «Otros documentos».

Los legajos de expedientes, de otros documentos y de abortos tendrán un índice de los archivados.

Podrá obtener el desglose de un documento público, su presentante, terminadas las actuaciones correspondientes quedando en el legajo el recibo y testimonio bastante librado de oficio.

ART. 117.

Los ficheros se ordenarán alfabéticamente por apellidos de los inscritos, y el de Matrimonios por los de ambos cónyuges, cada ficha tendrá las indicaciones del índice alfabético, fecha del hecho y referencia el tomo.

Las fichas de los duplicados del Registro Central indicarán, además, el Consulado.

Sección quinta. De los libros especiales del Registro Central

ART. 118.

Los Registros Consulares y el Central se remitirán en la primera decena de cada mes, los duplicados del mes anterior y los partes literales de los asientos marginales extendidos en este tiempo, acusando recibo de las recepciones.

Cualesquiera que fueren los defectos de los asientos, los duplicados serán incorporados y los marginales transcritos siempre que no haya dudas fundadas de su coincidencia con los del Registro remitente.

Los duplicados podrán ser extendidos por medio de fotografía o procedimiento análogo, debiendo cuidar el remitente que la impresión sea indeleble y de letra claramente legible, y que su tamaño coincida con el de los folios de los libros de inscripciones. En todo caso, las firmas exigidas en las inscripciones deberán ser originales en los duplicados y, de comprender éstos más de un folio, estampará en cada uno de ellos su firma el Encargado.

Modificado por Real Decreto 510/1985, de 6 de marzo, por el que se modifican determinados artículos del Reglamento de la Ley del Registro Civil y del Reglamento para la Organización y Régimen del Notariado. (BOE de 19-04-1985).

ART. 119.

La incorporación de los duplicados a su Sección se hará por diligencia, asignándoles un número correlativo. Reunido el número de hojas convenientes y numeradas las páginas, serán encuadernadas con sus hojas complementarias e índices.

Cada tomo tendrá diligencia de apertura, sin expresión del número de páginas, y cierre, con esta expresión, autorizadas ambas por el Encargado; previamente a la de cierre, sellará y rubricará las hojas complementarias en el centro de su parte superior, numerando también sus páginas, y así constará en la diligencia.

ART. 120.

Los duplicados de una inscripción se anulan en aquello en que se contradicen.

ART. 121.

El Libro Especial de Matrimonios Secretos se formará como el ordinario y se llevará con el sigilo necesario, correspondiéndole dos clases de legajos: el de antecedentes de inscripciones, que se llevará con precauciones iguales, y el de los relativos a publicaciones.

CAPÍTULO IV
De la calificación

Ver arts. 27 a 29 LRC-1957.

ART. 122.

El Encargado del Registro no puede consultar cuestiones sujetas a calificación.

Los Jueces de Paz suspenderán, por el tiempo estrictamente necesario, la extensión o denegación del asiento, cuando fuere obligatoria u oportuna la consulta al Encargado.

Formulada consulta, quedan en suspenso los plazos establecidos.

Modificado por Real Decreto 1917/1986, de 29 de agosto, de modificación de determinados artículos del Reglamento del Registro Civil. (BOE de 19-09-1986).

ART. 123.

No procede la inscripción incompatible con otra anterior sin antes remover legalmente el obstáculo.

ART. 124.

El acuerdo denegatorio o suspensivo se formulará con indicación ordenada y precisa de todos los defectos, formas de subsanarlos, si es posible, y cita concreta de las disposiciones aplicables.

Denegada o suspendida una inscripción, quien la promoviera en virtud de declaración tiene derecho a que se levante acta de ésta y del acuerdo recaído.

La denegación o suspensión se notificará a los que promuevan el asiento y, en su caso, al Ministerio fiscal. Esto se entiende sin perjuicio de la comunicación que proceda a la Autoridad o funcionario que expidió el documento, quien, a su vez, en caso de denegación o suspensión, lo notificará a las partes del procedimiento o acto o promotores del documento, dentro de los diez días hábiles siguientes a su recepción.

Modificado por Real Decreto 1917/1986, de 29 de agosto, de modificación de determinados artículos del Reglamento del Registro Civil. (BOE de 19-09-1986).

Ver art. 28 LRC-1957.

ART. 125.

Sin perjuicio de los derechos de los interesados, tiene personalidad para entablar recurso el Notario autorizante del título y, en todo caso, el Ministerio Fiscal.

Ver art. 29 LRC-1957.

ART. 126.

Aunque se practique la inscripción, cabe el recurso si sus términos no concuerdan con los títulos.

En el mismo folio se inscribirá marginalmente la inscripción del recurso con indicación de su alcance y advirtiendo que la practicada pende de la resolución definitiva, la que se inscribirá, haciendo constar la confirmación o cancelación de la inscripción o los extremos que varíe.

Ver art. 29 LRC-1957.

ART. 127.

El plazo para el recurso se cuenta desde la inscripción, y, no practicándose ésta, desde la notificación.

Al escrito de interposición se acompañarán los documentos calificados y, en su caso, el acta de la declaración y acuerdo recaído.

Ver art. 29 LRC-1957.

ART. 128.

Antes de la inscripción, aun acordada en recurso gubernativo, es posible señalar defectos que la impidan, no observados en calificaciones anteriores, sin perjuicio de la responsabilidad en que incurra el Encargado que, por negligencia inexcusable, no los hubiere advertido.

Ver art. 29 LRC-1957.

ART. 129.

El procedimiento judicial entablado durante el plazo para recurrir gubernativamente no impide la inscripción y los recursos gubernativos.

Practicado el asiento, se inscribirá al margen aquel procedimiento con indicación de su alcance y advirtiendo que la inscripción pende de la sentencia, la que se inscribirá haciendo constar la confirmación o cancelación de la inscripción o los extremos que varíe.

Denegado aquél por los órganos del Registro, quedan en suspenso, en virtud del procedimiento entablado oportunamente, los plazos para practicar el ordenado en la sentencia.

Ver art. 29 LRC-1957.

CAPÍTULO V
De la extensión de los asientos

Ver art. 35 LRC-1957.

ART. 130.

Las inscripciones de nacimiento, matrimonio, defunción y la primera de cada tutela o representación legal, son principales; las demás, marginales.

ART. 131.

Las inscripciones principales o que abren folio registral se practicarán sucesivamente, en los espacios a ellas destinados. Por folio registral se entiende la parte del libro dedicada a una inscripción principal y sus asientos marginales, cualquiera que sea el número de sus páginas.

La inscripción principal que no quepa en el espacio correspondiente continuará en el dedicado a asientos marginales, con las oportunas referencias; la línea siguiente a la última escrita de la continuación y la parte de ésta línea que hubiera quedado sin escribir serán cubiertas con una raya de tinta; quienes deban firmar la inscripción principal firmarán también la continuación.

Redactado tal y como dispone la corrección de errores de este Reglamento (BOE de 21-01-1959).

ART. 132.

Los asientos marginales empezarán en la cabeza del espacio correspondiente, y, sin dejar huecos intermedios, seguirán por orden cronológico; continuarán en las hojas complementarias del tomo, tras hacer constar, con caracteres destacados, la página y columna asignada en que continúan, donde se hará referencia, a su vez, al folio registral.

ART. 133.

Las páginas indebidamente en blanco se inutilizarán en cuanto se observe la falta con dos rayas de tinta cruzadas en forma de aspa, indicándose por nota la causa.

De igual modo se inutilizarán los espacios en blanco existentes entre asientos marginales.

Las líneas o partes de líneas que no fueran escritas por entero se inutilizarán con una raya de tinta.

Redactado tal y como dispone la corrección de errores de este Reglamento (BOE de 21-01-1959).

ART. 134.

Se interrumpirá el asiento en cuanto el Encargado observe error en el libro o folio en que aquél se extienda.

Interrumpido por cualquier causa un asiento, se cubrirá con una raya de tinta la línea o parte de línea por escribir y la siguiente a la última total o parcialmente escrita.

Si no fuera posible practicar el nuevo asiento o se requiriera expediente previo, el interrumpido se cancelará; sin perjuicio de que, cuando se practique el procedente, se hagan mutuas referencias.

Redactado tal y como dispone la corrección de errores de este Reglamento (BOE de 21-01-1959).

ART. 135.

Los asientos se escribirán en letra clara y con tinta indeleble; en los marginales se utilizarán caracteres diminutos y sólo contendrán las expresiones indispensables.

Las cantidades se consignarán en guarismos, salvo las que expresan la hora y fecha del hecho y de la inscripción.

En los asientos se expresarán los títulos nobiliarios o dignidades cuya posesión legal conste o se justifique debidamente en el acto.

ART. 136.

Se numerarán correlativamente las inscripciones y anotaciones principales extendidas en los libros no editados oficialmente y siempre contendrán las menciones de identidad del inscrito.

Los asientos marginales se señalarán en todo caso por letras, según orden alfabético, y en ellos se designará al sujeto por su nombre y apellidos.

ART. 137.

Las menciones de identidad se ajustarán a las siguientes reglas:

1.ª Junto al nombre y apellidos constarán, cuando fueren distintos, los usados habitualmente.

2.ª La mujer casada se designará con sus propios apellidos, aunque usare el de su marido. La extranjera que, con arreglo a su ley personal, ostente el apellido de su marido, será designada con éste, pero se hará referencia, además, al apellido de nacimiento.

3.ª La edad se indicará si en la inscripción no consta el día de su nacimiento, y se contará por años cumplidos.

4.ª La naturaleza hará referencia al término municipal de nacimiento y, no siendo éste cabeza de partido, a la provincia, y si es país extranjero, a la nación.

5.ª El domicilio se precisará como la naturaleza, con indicación de calle y número o entidad de población, cuando no sea capital del municipio.

Cuando la inscripción se practique en virtud de declaración, el Encargado procurará comprobar los datos con los de su propio Registro o mediante la exhibición de certificación de nacimiento, Libro de Familia o cualquier otro documento oficial.

Modificado por Real Decreto 1917/1986, de 29 de agosto, de modificación de determinados artículos del Reglamento del Registro Civil. (BOE de 19-09-1986).

ART. 138.

Las horas se expresan contando el día desde la cero a las veinticuatro.

El lugar en que los hechos acaecen se indicará en las inscripciones de nacimiento, matrimonio y defunción con los datos exigidos para expresar el domicilio, agregando en su caso, el carácter del establecimiento o advocación del templo; no se expresarán las circunstancias en el aspecto en que sean deshonrosas. En las demás inscripciones basta, para expresar el lugar, su referencia en la mención del funcionario autorizante del título u otra genérica.

ART. 139.

La declaración en virtud de la cual se practica un asiento se expresará indicando el nombre apellidos, domicilio y carácter del declarante.

El asiento firmado por testigos contendrá su nombre, apellidos, domicilio y calidad de su intervención.

> *Ver art. 36 LRC-1957.*

ART. 140.

La fecha y funcionario autorizante del documento auténtico que deben constar en el asiento son los del original o matriz.

El funcionario autorizante se designa por su nombre y apellidos, carácter y lugar en que ejerce el cargo.

Las autoridades se designan sólo por su carácter, y si no son de ámbito nacional, por el lugar.

La inscripción en virtud de testamento expresará, en su caso, además de su fecha, la de la protocolización y Notario que la autoriza.

ART. 141.

Los funcionarios que autoricen las inscripciones se designan por su nombre, apellidos y carácter.

ART. 142.

No se empleará en los asientos y certificaciones adiciones, apostillas, interlineados, raspaduras, testados enmiendas. Se pondrá, sin embargo, una raya sobre las palabras equivocadas o innecesarias de modo que no impida su lectura.

Estas tachaduras y las omisiones se salvarán al final, antes de la fecha y firma, por la persona que extienda el asiento o certificación; en tal caso, se cubrirá con una raya de tinta el encasillado de la data y se pondrá data a mano; tras las tachaduras u omisiones, con números correlativos entre paréntesis, se harán las oportunas llamadas al lugar en que se salvan.

Los encasillados, cuando sean innecesarias, serán cubiertos con una raya de tinta, sin necesidad de salvarlos.

> *Ver art. 34 LRC-1957.*

ART. 143.

No se cerrará un asiento sin que se entere de su contenido quien debe suscribirlo; si no puede leer, le dará lectura el Encargado.

ART. 144.

En los asientos y diligencias de los libros del Registro no se pondrá el sello de la oficina.

CAPÍTULO VI
De las anotaciones

> *Ver art. 38 LRC-1957.*

ART. 145.

En la anotación constará el hecho de que informa, y de modo destacado, tanto en el asiento como en la certificación, el carácter de tal, su valor simplemente informativo y que en ningún caso constituye la prueba que proporciona la inscripción.

ART. 146.

Anotado un hecho, su inscripción podrá practicarse marginalmente por simple referencia al contenido de la anotación.

Inscrito el hecho, se cancelará su anotación con referencia a la inscripción.

ART. 147.

Las anotaciones pueden ser rectificadas y canceladas en virtud de expediente gubernativo en que se acredite la inexactitud o por título suficiente para rectificar o cancelar la correspondiente inscripción.

ART. 148.

Las personas que han pedido la anotación están obligadas a pedir su cancelación cuando proceda.

ART. 149.

Se aplicarán a las anotaciones supletoriamente las reglas de las inscripciones.

ART. 150.

La anotación de procedimiento referirá la pretensión deducida en cuanto afecta al contenido del Registro. Se extenderá al margen del folio afectado, pero si en el procedimiento se pretende una inscripción principal, la anotación abrirá folio registral.

El título para practicarla es el mandamiento judicial, librado de oficio o a instancia de parte, en virtud de un principio de prueba bastante.

La anotación caducará y será cancelada de oficio a los cuatro años de su fecha. Son posibles prórrogas sucesivas por igual plazo, obtenidas como la anotación, y se harán constar, como esta, en el Registro.

También será cancelada si se justifica la extinción del procedimiento.

Modificado por Real Decreto 1917/1986, de 29 de agosto, de modificación de determinados artículos del Reglamento del Registro Civil. (BOE de 19-09-1986).

ART. 151.

El hecho cuya inscripción no puede practicarse por no resultar, en alguno de sus requisitos, legalmente acreditado puede anotarse en cuanto a los extremos debidamente justificados. Pero no procede la anotación si resulta evidente su ineficacia absoluta e insubsanable: la verificada será cancelada al acreditarse la ineficacia.

ART. 152.

Para anotar el estado civil según la Ley extranjera o la existencia o inexistencia de hecho o resolución que le afecte, es suficiente:

1.° El título público correspondiente.

2.° La certificación o parte oficial del Registro extranjero regular y auténtico.

3.° Si el hecho o situación no puede acreditarse mediante este Registro, la declaración oficial extranjera.

ART. 153.

Son objeto de anotación las sentencias o resoluciones extranjeras sobre hechos inscribibles, aunque no puedan tener fuerza en España.

ART. 154.

Cabrá también la anotación:

1.° En sustitución de Inscripción principal que no pueda practicarse inmediatamente o a cuyo Registro sea imposible el acceso y al solo efecto de servir de soporte a asientos marginales; en la anotación se indicará este carácter especial, y puede extenderse en virtud de declaración del interesado: desaparecida la situación que la motivó, será cancelada y los asientos marginales, trasladados, en su caso.

2.° De la resolución judicial española denegatoria de la ejecución de una sentencia anotable.

3.° Del prohijamiento o acogimiento, en virtud de certificación de la Junta Provincial de Beneficencia.

4.° De la desaparición de hecho en virtud de sentencia firme, expediente gubernativo o declaración de la autoridad judicial que instruya las diligencias seguidas por causa de siniestro o de violencia contra la vida, en que el desaparecido hubiera encontrado con riesgo inminente de muerte, o en virtud del auto por el que se constituye la defensa. En la anotación se indicará la fecha del siniestro o violencia y cuantas circunstancias puedan influir, en su día, en la declaración de fallecimiento. A falta de reglas especiales se aplican las de las inscripciones de declaración de ausencia y fallecimiento.

Redactado tal y como dispone la corrección de errores de este Reglamento (BOE de 21-01-1959).

CAPÍTULO VII
De las notas marginales

Ver art. 39 LRC-1957.

ART. 155.

Los hechos que, como el matrimonio posterior de los padres, afecten mediatamente a una persona constarán por nota marginal de referencia a la inscripción practicada.

Modificado por Real Decreto 1917/1986, de 29 de agosto, de modificación de determinados artículos del Reglamento del Registro Civil. (BOE de 19-09-1986).

ART. 156.

Al margen de la inscripción de nacimiento de los sujetos a tutela o curatela, o titulares del patrimonio sometido a representación, se pondrá nota de referencia a la de tutela, curatela o representación.

Modificado por Real Decreto 1917/1986, de 29 de agosto, de modificación de determinados artículos del Reglamento del Registro Civil. (BOE de 19-09-1986).

ART. 157.

Las anotaciones producen la nota o mención de referencia que provocarían las correspondientes inscripciones.

ART. 158.

La Dirección General podrá ordenar notas de referencia a asientos de expedición de determinadas certificaciones y de cumplimiento o advertencia de obligaciones impuestas a los Encargados.

Redactado tal y como dispone la corrección de errores de este Reglamento (BOE de 21-01-1959).

ART. 159.

El Encargado que inscriba un hecho que produce nota marginal la consignará inmediatamente o enviará al competente parte duplicado con las circunstancias necesarias. Puesta la nota, se devolverá un ejemplar indicando el cumplimiento; pasados treinta días sin haberse recibido, se reiterará su envío, y pasados otros treinta, se dará cuenta a la superioridad.

Cuando en una población haya varios Registros y se ignore el competente, se hará la remisión al Encargado del Archivo Provincial para que promueva la nota.

ART. 160.

En las notas marginales constará:

1.° Su carácter.

2.° El asiento o hecho a que se refieren.

3.° Y fecha y firma del funcionario o funcionarios autorizantes.

La referencia a un asiento o folio registral indicará la página, tomo y Registro y titular o titulares por su nombre y apellidos; la referencia que no se practique en el folio en que no encuentra el asiento expresará, además, la fecha y lugar de hecho. La referencia a un hecho también expresará el nombre y apellidos de los sujetos.

ART. 161.

Los datos que proporciona el título que produce una inscripción serán suficientes para la referencia que debe hacerse en ella a otra, o a un hecho inscribible separadamente; pero el Encargado procurará comprobar los obtenidos en virtud de declaración con los de su propio Registro o mediante exhibición de certificación o documento oficial.

Igualmente se tomarán los necesarios para enviar los partes a los Registros que deben extender notas relativas al hecho.

ART. 162.

Las referencias en nota o en el cuerpo de la inscripción serán agregadas, completadas o rectificadas en virtud de examen del propio Registro o de certificación o parte de la correspondiente inscripción y, en su caso, suprimidas, en virtud de expediente acreditativo de la inexactitud.

Al expresar la modificación o supresión se indicará el título que la produce.

Redactado tal y como dispone la corrección de errores de este Reglamento (BOE de 21-01-1959).

CAPÍTULO VIII
De las cancelaciones

ART. 163.

La cancelación total o parcial de un asiento por ineficacia del acto, inexactitud del contenido u otra causa se practicará marginalmente en virtud de título adecuado con sujeción a las formalidades del asiento cancelado y con indicación especial de la causa y alcance de la cancelación.

En su caso, será comprendida en la inscripción del hecho que la produce; en el folio en que procede la cancelación, si fuere distinto, se pondrá nota de referencia.

Modificado por Real Decreto 1917/1986, de 29 de agosto, de modificación de determinados artículos del Reglamento del Registro Civil. (BOE de 19-09-1986).

ART. 164.

El asiento totalmente cancelado será cruzado con tinta de distinto color; si se cancela parcialmente, se subrayará la parte cancelada cerrándose entre paréntesis con llamada marginal al asiento cancelatorio.

Modificado por Real Decreto 1917/1986, de 29 de agosto, de modificación de determinados artículos del Reglamento del Registro Civil. (BOE de 19-09-1986).

TÍTULO V
De las Secciones del Registro

CAPÍTULO I
De la Sección de Nacimientos y general

Sección primera. De la inscripción de nacimiento

Ver arts. 40 a 46 ter LRC-1957.

ART. 165.

La inscripción en virtud de declaración formulada antes de que el feto viviera veinticuatro horas enteramente desprendido del seno materno se convalidará acreditando, en expediente, la supervivencia a dicho plazo.

ART. 166.

El plazo de declaración será de treinta días cuando se acredite justa causa, que constará en la inscripción.

La obligación de declarar afecta a los consanguíneos hasta el cuarto grado y a los afines hasta el segundo.

Párrafo primero modificado por Real Decreto 1063/1991, de 5 de julio, sobre reforma parcial del Reglamento del Registro Civil. (BOE de 09-07-1991).

ART. 167.

En el parte de nacimiento, además del nombre, apellidos, carácter y número de colegiación de quien lo suscribe, constará con la precisión que la inscripción requiere la fecha, hora y lugar del alumbramiento, sexo del nacido y menciones de identidad de la madre, indicando si es conocida de ciencia, propia o acreditada, y en este supuesto, documentos oficiales examinados o menciones de identidad de persona que afirme los datos, la cual, con la madre, firmará el parte, salvo si esta no puede o se opone, circunstancia que también se hará contar.

El parte o declaración de los profesionales y personal de establecimientos sanitarios que tengan obligación de guardar secreto no se referirá a la madre contra su voluntad.

Redactado tal y como dispone la corrección de errores de este Reglamento (BOE de 21-01-1959).

ART. 168.

El Encargado antes de inscribir, exigirá el parte adecuado. Y no obteniéndolo o siendo contradictorio a la información del declarante, comprobará el hecho por medio del Médico del Registro Civil o su sustituto, que ratificará o suplirá el parte exigido.

El Médico del Registro Civil o sustituto más cercano que resida en población situada a más de dos kilómetros podrá excusar su asistencia, y la comprobación se diligenciará en acta separada en virtud de la información de dos personas capaces que hayan asistido al parto o tengan noticia cierta de él.

En los Registros consulares, en defecto de parte adecuado del Médico de cabecera, se acudirá a la información supletoria a que se refiere el párrafo anterior.

ART. 169.

La inscripción, cuando se ignore el término municipal y fecha de nacimiento, sólo procede en virtud de expediente que, necesariamente, en defecto de otras pruebas, establecerá el día, mes y año del alumbramiento, de acuerdo con la edad aparente, según informe médico, y el término, por el primero conocido de estancia del nacido. Tratándose de acogidos en casas de expósitos, basta como prueba la información que proporcionará su Jefe, al que, en su día, será comunicada la inscripción, con indicación del tomo y página.

En la resolución, tratándose de menores expósitos o abandonados, además de las circunstancias inscribibles, se mencionarán:

1.° La hora, fecha y sitio del hallazgo y menciones de identidad de la persona que los haya recogido.

2.° Señas particulares de conformación.

3.° Relación de documentos, ropas y demás objetos encontrados.

4.° Cuantas circunstancias sean útiles para la futura identificación.

Con la resolución se archivarán los documentos referidos; los demás objetos, siendo de fácil conservación, serán marcados para, en todo tiempo, poder ser reconocidos, y los que no estén bajo custodia de la casa de expósitos, serán convenientemente depositados.

No se expresará en los asientos ninguna indicación de la exposición o abandono.

Modificado por Real Decreto 1917/1986, de 29 de agosto, de modificación de determinados artículos del Reglamento del Registro Civil. (BOE de 19-09-1986).

ART. 170.

En la inscripción de nacimiento constará especialmente:

1.° La hora, fecha y lugar de nacimiento. En los partos múltiples, de no conocerse la hora exacta de cada uno, constará la prioridad entre ellos o que no ha podido determinarse.

2.° Si el nacido es varón o mujer y el nombre impuesto.

3.° Los padres, cuando legalmente conste la filiación.

4.º El número que se asigne en el legajo al parte o comprobación.
5.º La hora de inscripción.

Modificado por Real Decreto 762/1993, de 21 de mayo, por el que se modifica los artículos 170 y 191 del Reglamento del Registro Civil. (BOE de 22-06-1993).

Sección segunda. De las declaraciones de abortos

ART. 171.

Se entiende por criaturas abortivas las que no reúnen las circunstancias exigidas para que un feto se repute nacido, a los efectos civiles.

Redactado tal y como dispone la corrección de errores de este Reglamento (BOE de 21-01-1959).

ART. 172.

La competencia del Registro se determina, si la criatura nace muerta, como en los nacimientos y, en otro caso, como en las defunciones.

ART. 173.

La declaración y parte expresarán al aborto o, en su caso, el alumbramiento y muerte; contendrán, en cuanto sea posible, las circunstancias exigidas para la inscripción de nacimiento y defunción y, particularmente, el tiempo aproximado de vida fetal y si la muerte de la criatura se produjo antes, al tiempo o después del alumbramiento, indicando en este último caso, con toda exactitud, las horas del alumbramiento y muerte.

ART. 174.

El Encargado, con los requisitos de inscripción, pero en folio suelto, levantará acta de la declaración con referencia precisa al parte o a la información supletoria. Inmediatamente incorporará al legajo de abortos con el acta, los documentos relativos al declarado, cuya entrada debe constar, con la propia declaración, en el Libro Diario. Hecha la incorporación, expedirá la licencia de sepultura.

Sección tercera. De las inscripciones marginales de la Sección primera

ART. 175.

En las inscripciones de filiación constarán las menciones de identidad del padre o madre, consignándose en la adopción, si es plena o simple.

Modificado por Real Decreto 3455/1977, de 1 de diciembre, sobre modificación de determinados artículos del Reglamento de Registro Civil. (BOE de 25-01-1978).

ART. 176.

La emancipación por concesión de quienes ejercen la patria potestad se inscribe en virtud de escritura o de comparecencia ante el Encargado del Registro.

La emancipación por concesión judicial y el beneficio de la mayor edad se inscriben en virtud del testimonio correspondiente.

Modificado por Real Decreto 1917/1986, de 29 de agosto, de modificación de determinados artículos del Reglamento del Registro Civil. (BOE de 19-09-1986).

ART. 177.

La inscripción de la incapacitación expresará la extensión y límites de ésta, así como si el incapacitado queda sujeto a tutela o curatela, según la resolución judicial.

En la inscripción de la declaración de prodigalidad se expresarán los actos que el pródigo no puede realizar sin consentimiento del curador.

Modificado por Real Decreto 1917/1986, de 29 de agosto, de modificación de determinados artículos del Reglamento del Registro Civil. (BOE de 19-09-1986).

ART. 178.

Es inscribible la providencia por la que se tiene por solicitada la declaración del estado de suspensión de pagos y el auto declarando este estado.

La inscripción de la declaración precisará si la insolvencia es provisional o definitiva, y los límites que el Juez fije a la capacidad del suspenso.

También es inscribible el hecho de haberse aprobado judicialmente el convenio en la suspensión de pagos y la rehabilitación del concursado o quebrado, expresando, respecto de éste, si es general o limitada.

ART. 179.

En la inscripción de declaración de fallecimiento se expresará la fecha a partir de la cual se entiende ocurrida la muerte, salvo prueba en contrario.

Son inscribibles las resoluciones judiciales que dejan sin efecto las declaraciones de ausencia o fallecimiento.

Cualquier funcionario o particular que conozca la existencia de persona declarada ausente o fallecida o cuya desaparición esté anotada, lo comunicará al Ministerio Fiscal o al Encargado del Registro.

ART. 180.

En la inscripción de hecho que afecte a la patria potestad se consignará:

1.° El hecho, con precisión de las circunstancias que influyan en la patria potestad.

2.° Si se produce adquisición plena o limitada, extinción, recuperación, restricción, prórroga o rehabilitación de la patria potestad, si el menor queda sujeto a tutela, facultades que pasan al otro progenitor y si hay administrador.

Cuando la alteración de la patria potestad es consecuencia de un hecho inscribible separadamente, se extenderá al margen de la inscripción de nacimiento, simplemente, nota de referencia a la inscripción del hecho, en la que se consignarán las circunstancias antes expresadas.

No se consignará nota de referencia a la inscripción de defunción del padre o madre.

Modificado por Real Decreto 1917/1986, de 29 de agosto, de modificación de determinados artículos del Reglamento del Registro Civil. (BOE de 19-09-1986).

Ver art. 264 RRC.

Sección cuarta. De la filiación

Ver arts. 47 a 52 LRC-1957.

Subsección primera. De la filiación materna

ART. 181.

El padre que promueve dentro del plazo la inscripción de nacimiento, en virtud de declaración, puede expresar, a efectos de hacer constar en el Registro la filiación materna, la persona con quien hubiere tenido el hijo, siempre que la identidad de la madre resulte del parte o comprobación exigidos para la inscripción.

Modificado por Real Decreto 1917/1986, de 29 de agosto, de modificación de determinados artículos del Reglamento del Registro Civil. (BOE de 19-09-1986).

ART. 182.

Las notificaciones en materia de dilación se harán al destinatario en persona y por el Encargado, directamente o cometiendo su cumplimiento al del domicilio, y guardándose, en cuanto sean compatibles con la conveniente reserva, las reglas de las notificaciones judiciales.

A la que figura como madre se lo advertirá expresamente, al ser notificada, que transcurridos quince días sin que formalice el desconocimiento ante el Encargado, la mención de filiación sólo podrá cancelarse en virtud de sentencia. Si la notificada no pudiere firmar, sin perjuicio de que lo haga a su ruego un testigo, pondrá en la notificación las huellas de los dedos pulgar, índice y medio de la mano derecha.

La notificación del asiento de filiación materna se hará constar por inscripción marginal, con indicación de su carácter personal, hora, fecha y lugar de la notificación y destinatario.

La del asiento de desconocimiento producirá nota marginal con las mismas indicaciones.

Subsección segunda. De la filiación paterna matrimonial

Modificado por Real Decreto 1917/1986, de 29 de agosto, de modificación de determinados artículos del Reglamento del Registro Civil. (BOE de 19-09-1986).

ART. 183.

Cuando, por lo que resulta de la declaración o título de la inscripción, se presume que el hijo lo es del marido, conforme a lo dispuesto en el Código Civil, en la inscripción de nacimiento, y en su defecto, por nota al margen, se hará referencia a la inscripción de matrimonio de los padres, y si no fueren conocidos todos los datos de la referencia, constará la fecha del matrimonio, y cuando menos, que éste tuvo lugar.

En este supuesto constarán en la inscripción las menciones de identidad del padre.

Modificado por Real Decreto 1917/1986, de 29 de agosto, de modificación de determinados artículos del Reglamento del Registro Civil. (BOE de 19-09-1986).

ART. 184.

Nacido el hijo dentro de los ciento ochenta días siguientes a la celebración del matrimonio, se inscribirá la paternidad del marido, salvo que conste la declaración auténtica en contrario de este a que se refiere el artículo 117 del Código Civil.

Inscrita la paternidad, podrá ser cancelada por expediente gubernativo si la declaración auténtica del marido, para desvirtuar la presunción, se ha formulado en el tiempo y condiciones exigidos por el Código Civil.

Modificado por Real Decreto 1917/1986, de 29 de agosto, de modificación de determinados artículos del Reglamento del Registro Civil. (BOE de 19-09-1986).

Subsección tercera. De la inscripción de la filiación no matrimonial

Modificado por Real Decreto 1917/1986, de 29 de agosto, de modificación de determinados artículos del Reglamento del Registro Civil. (BOE de 19-09-1986).

ART. 185.

Sólo se podrá inscribir, en virtud de declaración formulada dentro del plazo, la filiación no matrimonial de hijo de casada, así como el reconocimiento de la filiación paterna de progenitor distinto del marido si se comprueba antes de la inscripción que no rige la presunción legal de paternidad de éste.

Modificado por Real Decreto 1917/1986, de 29 de agosto, de modificación de determinados artículos del Reglamento del Registro Civil. (BOE de 19-09-1986).

ART. 186.

Son documentos públicos aptos para el reconocimiento la escritura pública, el acta civil de la celebración del matrimonio de los padres, el expediente de inscripción de nacimiento fuera de plazo, las capitulaciones matrimoniales y el acto de conciliación.

La declaración de reconocimiento ante el Encargado cuando no pueda inscribirse inmediatamente, se diligenciará con las circunstancias del asiento, las de identidad del hijo y la firma del declarante, en acta por duplicado, uno de cuyos ejemplares se remitirá primero, en su caso, con la solicitud correspondiente, a la aprobación judicial, y después, con el testimonio de la aprobación, tras de diligenciar ésta en el duplicado, al Registro competente para, en su virtud, practicar la inscripción.

Modificado por Real Decreto 1917/1986, de 29 de agosto, de modificación de determinados artículos del Reglamento del Registro Civil. (BOE de 19-09-1986).

ART. 187.

No se puede Inscribir el reconocimiento de un hijo mayor de edad sin su consentimiento expreso o tácito. La existencia de este último podrá comprobarse en expediente gubernativo.

Modificado por Real Decreto 1917/1986, de 29 de agosto, de modificación de determinados artículos del Reglamento del Registro Civil. (BOE de 19-09-1986).

ART. 188.

El reconocimiento de un menor o incapaz es inscribible, sin necesidad del consentimiento del representante legal ni de la aprobación judicial, cuando conste en testamento y se acredite la defunción del autor del reconocimiento. También es inscribible, sin necesidad de dicho consentimiento o aprobación, el reconocimiento de menores o incapaces otorgado en otro documento público dentro del plazo establecido para practicar la inscripción de nacimiento; en este caso la inscripción de paternidad podrá ser suspendida o confirmada de acuerdo con lo establecido en el Código Civil.

Los reconocimientos inscritos conforme al párrafo anterior se notificarán al otro progenitor y, en su caso, al representante legal del nacido, y si este representante no fuera conocido, al Ministerio Fiscal. De haber fallecido el interesado, serán notificados sus herederos. Tales notificaciones se practicarán con arreglo a lo dispuesto por los párrafos primero y tercero del artículo 182.

Modificado por Real Decreto 1917/1986, de 29 de agosto, de modificación de determinados artículos del Reglamento del Registro Civil. (BOE de 19-09-1986).

ART. 189.

Cualquiera que sea el tiempo transcurrido y aunque hayan muerto padre e hijo, el expediente para inscribir la filiación no matrimonial puede iniciarse a petición de quien tenga interés legítimo o de su representante legal.

La incoación será notificada en persona a los interesados, quienes en todo caso podrán constituirse en parte y formular oposición.

Para que la oposición de los constituidos en parte o del Ministerio Fiscal se entienda debidamente formulada a efectos de impedir la aprobación del expediente, debe presentarse en tiempo oportuno y expresar las razones por las que se estima que faltan los concretos fundamentos de fondo que en la solicitud se invoquen.

Modificado por Real Decreto 1917/1986, de 29 de agosto, de modificación de determinados artículos del Reglamento del Registro Civil. (BOE de 19-09-1986).

ART. 190.

Es inscribible la sentencia penal firme que, en su fallo, determine una filiación.

Modificado por Real Decreto 1917/1986, de 29 de agosto, de modificación de determinados artículos del Reglamento del Registro Civil. (BOE de 19-09-1986).

Subsección cuarta. De la filiación desconocida

Modificado por Real Decreto 1917/1986, de 29 de agosto, de modificación de determinados artículos del Reglamento del Registro Civil. (BOE de 19-09-1986).

ART. 191.

No constando su filiación, el Encargado consignará en la inscripción de nacimiento o en otra marginal, en lugar de los nombres de padre o madre, otros de uso corriente, con la declaración de que se consignan a efectos de identificar a la persona. Tales nombres serán los usados en las menciones de identidad.

A petición del interesado mayor de edad o de quien tenga la representación legal del menor, se suprimirán en el registro los nombres de la madre o padre que se hubieran inscrito a los efectos identificadores. Del mismo modo, quien tenga la representación legal del menor de edad podrá decidir en cualquier momento que no lleguen a consignarse tales nombres propios de la madre o padre a los efectos de identificar a la persona.

Las normas relativas a la imposición y modificación de apellidos que no corresponden por filiación, contenidas en la sección 5., capítulo I, del presente Título, regirán también, con las variaciones pertinentes, respecto de la imposición y modificación de los nombres de padre o madre a efectos identificadores.

Párrafo segundo modificado por Real Decreto 820/2005, de 8 de julio, por el que se modifica el Reglamento del Registro Civil, aprobado por el Decreto de 14 de noviembre de 1958. (BOE de 23-07-2005).

Sección quinta. Del nombre y apellidos

Ver arts. 53 a 62 LRC-1957.

Subsección primera. Del nombre propio

ART. 192.

No se podrán imponer más de dos nombres simples o de uno compuesto. Cuando se impongan dos nombres simples, éstos se unirán por un guion y ambos se escribirán con mayúscula inicial.

Se considera que perjudican objetivamente a la persona los nombres propios que, por sí o en combinación con los apellidos, resultan contrarios al decoro.

La sustitución del nombre propio por su equivalente onomástico en cualquiera de las lenguas españolas requerirá, si no fuese notorio, que se acredite por los medios oportunos esta equivalencia y la grafía correcta del nombre solicitado.

Modificado por Real Decreto 193/2000, de 11 de febrero, de modificación de determinados artículos del Reglamento del Registro Civil en materia relativa al nombre y apellidos y orden de los mismos. (BOE de 26-02-2000).

ART. 193.

El Encargado hará constar en la inscripción de nacimiento el nombre impuesto por los padres o guardadores, según lo manifestado por el declarante.

No expresándose nombre o siendo éste inadmisible, el Encargado requerirá a las personas mencionadas en el párrafo anterior para que den nombre al nacido, con apercibimiento de que, pasados tres días sin haberlo hecho, se procederá a la inscripción de nacimiento imponiéndose el nombre por el Encargado.

Modificado por Real Decreto 1917/1986, de 29 de agosto, de modificación de determinados artículos del Reglamento del Registro Civil. (BOE de 19-09-1986).

Subsección segunda. De los apellidos en general

ART. 194.

Si la filiación está determinada por ambas líneas y a salvo la opción prevista en el artículo 109 del Código Civil, primer apellido de un español es el primero del padre y segundo apellido el primero de los personales de la madre, aunque sea extranjera.

Modificado por Real Decreto 193/2000, de 11 de febrero, de modificación de determinados artículos del Reglamento del Registro Civil en materia relativa al nombre y apellidos y orden de los mismos. (BOE de 26-02-2000).

ART. 195.

A petición del propio interesado, ante el Encargado, se antepondrá la preposición «de» al apellido paterno que fuere usualmente nombre propio o empezare por tal.

Redactado tal y como dispone la corrección de errores de este Reglamento (BOE de 21-01-1959).

ART. 196.

No puede imponerse de oficio como apellido el de Expósito u otro indicador de origen desconocido, ni nombre propio.

Establecida la filiación paterna, materna o en ambas líneas, perderán su vigencia los apellidos impuestos por no ser aquélla conocida.

ART. 197.

En las inscripciones de reconocimiento, adopción, adquisición de nacionalidad española, resoluciones que afecten a estos hechos o cualquier otro que determine cambio de apellidos, se expresará con claridad el orden resultante.

Modificado por Real Decreto 1917/1986, de 29 de agosto, de modificación de determinados artículos del Reglamento del Registro Civil. (BOE de 19-09-1986).

ART. 198.

La inversión de apellidos de los mayores de edad podrá formalizarse mediante simple declaración ante el encargado del Registro Civil del domicilio y no surte efecto mientras no se inscriba.

El mismo régimen rige para la regularización ortográfica de los apellidos para adecuarlos a la gramática y fonética de la lengua española correspondiente. Cuando no fuere un hecho notorio, deberá acreditarse por los medios oportunos que el apellido pertenece a una lengua vernácula y su grafía exacta en este idioma.

Modificado por Real Decreto 193/2000, de 11 de febrero, de modificación de determinados artículos del Reglamento del Registro Civil en materia relativa al nombre y apellidos y orden de los mismos. (BOE de 26-02-2000).

Ver art. 204 RRC.

ART. 199.

El que adquiere la nacionalidad española conservará los apellidos que ostente en forma distinta de la legal siempre que así lo declare en el acto de adquirirla, o dentro de los dos meses siguientes a la adquisición o a la mayoría de edad.

La declaración se ajustará a las reglas del artículo anterior.

ART. 200.

En la inscripción de nacimiento constará la forma masculina o femenina del apellido de origen extranjero cuando en el país de procedencia se admite la variante, acreditándose ésta, si no es conocida por el Encargado, en virtud de testimonio del Cónsul en España, del Cónsul de España en el país o de Notario español que la conozca. Los hijos de españoles fijarán tales apellidos en la forma que en el uso haya prevalecido.

Al margen se podrán anotar las versiones de apellidos extranjeros cuando se acredite igualmente que son usuales.

Subsección tercera. De los apellidos de los hijos adoptivos

ART. 201.

El adoptado en forma plena por una sola persona tendrá por su orden los apellidos del adoptante. Se exceptúan el caso en que uno de los cónyuges adopte al hijo de su consorte, aunque haya fallecido, y aquél en que la única adoptante sea mujer. En este último supuesto podrá invertirse el orden con el consentimiento de la adoptante y del adoptado si es mayor de edad, sin perjuicio de lo dispuesto en el artículo 207.

Modificado por Real Decreto 1917/1986, de 29 de agosto, de modificación de determinados artículos del Reglamento del Registro Civil. (BOE de 19-09-1986).

ART. 202.

Constituida e inscrita una adopción simple, podrá convenirse después en cualquier momento, por escritura pública y en vida del adoptante o adoptantes, la sustitución de los apellidos del adoptado por los de aquél o éstos, o el uso de un apellido de cada procedencia, caso en que se fijará el orden de los mismos.

Modificado por Real Decreto 3455/1977, de 1 de diciembre, sobre modificación de determinados artículos del Reglamento de Registro Civil. (BOE de 25-01-1978).

ART. 203.

Fallecido el adoptante o los adoptantes simples, concesión de sus apellidos al adoptado requiere autorización del Ministerio de Justicia, a solicitud del adoptado, y con el consentimiento de los herederos, descendientes y cónyuge del adoptante o de sus representantes legales.

Modificado por Real Decreto 3455/1977, de 1 de diciembre, sobre modificación de determinados artículos del Reglamento de Registro Civil. (BOE de 25-01-1978).

ART. 204.

El adoptado transmite el primer apellido a los descendientes.

El cambio de apellidos por adopción alcanza a los sujetos a la patria potestad y también a los demás descendientes que expresamente lo consientan en la propia escritura o dentro de los dos meses siguientes. La declaración se ajustará a las reglas del artículo 198.

Subsección cuarta. De los expedientes sobre nombres y apellidos de la competencia del Ministerio o del Gobierno

ART. 205.

El Ministerio de Justicia puede autorizar cambios de nombre y apellidos, previo expediente instruido en forma reglamentaria:

Son requisitos necesarios de la petición de cambio de apellidos:

1.º Que el apellido en la forma propuesta constituya una situación de hecho no creada por el interesado.

2.º Que el apellido o apellidos que se traten de unir o modificar pertenezcan legítimamente al peticionario.

3.º Que los dos apellidos que resulten después del cambio no provengan de la misma línea.

Podrá formularse oposición fundada únicamente en el incumplimiento de los requisitos exigidos.

Modificado por Real Decreto 1917/1986, de 29 de agosto, de modificación de determinados artículos del Reglamento del Registro Civil. (BOE de 19-09-1986).

Ver art. 208 RRC.

ART. 206.

Los cambios pueden consistir en segregación de palabras, agregación, trasposición o supresión de letras o acentos, supresión de artículos o partículas, traducción o adaptación gráfica o fonética a las lenguas españolas, y en sustitución, anteposición o agregación de otros nombres o apellidos o parte de apellidos u otros análogos, dentro de los límites legales.

Las uniones no podrán exceder de dos palabras, sin contar artículos ni partículas.

El cambio de nombre propio requiere justa causa y que no perjudique a tercero.

Modificado por Real Decreto 1917/1986, de 29 de agosto, de modificación de determinados artículos del Reglamento del Registro Civil. (BOE de 19-09-1986).

ART. 207.

Bastará que se cumpla el requisito del número primero del artículo 206, para que pueda autorizarse el cambio de apellidos en los siguientes casos:

a) Si se tratare de apellido a apellidos que no correspondan por naturaleza y el propuesto sea usual o perteneciente a la línea de apellidos conocida.

b) Si el apellido o apellidos solicitados correspondieren a quien tuviere adoptado, prohijado o acogido de hecho al interesado, siempre que aquél, o por haber fallecido, sus herederos, den su consentimiento al cambio. En todo caso se requiere que, por si a sus representantes legales, asientan al cambio el cónyuge y descendientes del titular del apellido.

Modificado por Decreto 1138/1969, de 22 de mayo, por el que se modifican determinados artículos del Reglamento del Registro Civil. (BOE de 17-06-1969).

Ver art. 201 RRC.

ART. 208.

No será necesario que concurra el primer requisito del artículo 205 para cambiar o modificar un apellido contrario al decoro o que ocasiones graves inconvenientes o para evitar la desaparición de un apellido español. Se entiende que un apellido ocasiona graves inconvenientes cuando, por cualquier razón, lleve consigo deshonra.

Cuando se den circunstancias excepcionales, y a pesar de faltar los requisitos que señala dicho artículo, podrá accederse al cambio por Real Decreto a propuesta del Ministerio de Justicia, con audiencia del Consejo de Estado.

En caso de que el solicitante de la autorización del cambio de sus apellidos sea objeto de violencia de género, podrá accederse al cambio por Orden del Ministro de Justicia. Para ello deberá acreditarse que quien alegue ser objeto de violencia de género ha obtenido alguna medida cautelar de protección judicial en el citado ámbito. También se podrá acceder al cambio de apellidos en la misma forma en cualquier supuesto en que la urgencia de la situación así lo requiera.

La Orden ministerial a que se refiere el párrafo anterior no será objeto de publicación en el "Boletín Oficial del Estado" ni en cualquier otro medio.

En todos estos casos la oposición puede fundarse en cualquier motivo razonable.

Lo dispuesto en este artículo se entiende sin perjuicio del ejercicio de las acciones que puedan proceder una vez concedida la autorización del cambio y, en particular, en caso de que se apreciare con posterioridad a la autorización del cambio la existencia de simulación o fraude por parte del solicitante.

Modificado por Real Decreto 170/2007, de 9 de febrero, por el que se modifica el Reglamento del Registro Civil, aprobado por Decreto de 14 de noviembre de 1958. (BOE de 09-03-2007).

Párrafo tercero: ver art. 21.6º RRC.

Subsección quinta. De otros casos de cambio o conservación de nombres y apellidos

Modificada por Real Decreto 1917/1986, de 29 de agosto, de modificación de determinados artículos del Reglamento del Registro Civil. (BOE de 19-09-1986).

ART. 209.

El Juez de Primera Instancia, Encargado del Registro, puede autorizar, previo expediente:

1.º El cambio de apellido Expósito u otros análogos, indicadores de origen desconocido, por otro que pertenezca al peticionario o, en su defecto, por un apellido de uso corriente.

2.º El de nombres y apellidos impuestos con infracción de las normas establecidas.

3.º La conservación por el hijo o sus descendientes de los apellidos que vinieran usando, siempre que insten el procedimiento dentro de los dos meses siguientes a la inscripción de la filiación o, en su caso, a la mayoría de edad.

4.º El cambio de nombre propio por el usado habitualmente.

5.º La traducción de nombre extranjero o adecuación gráfica a las lenguas españolas de la fonética de apellido también extranjero.

El Ministerio de Justicia puede, en todos estos casos, autorizar directamente y sin limitación de plazo el cambio o conservación de nombres y apellidos.

Modificado por Real Decreto 1917/1986, de 29 de agosto, de modificación de determinados artículos del Reglamento del Registro Civil. (BOE de 19-09-1986).

ART. 210.

Para el cambio de nombre y apellidos a que se refiere el artículo anterior se requiere, en todo caso, justa causa y que no haya perjuicio de tercero.

ART. 211.

El apellido Expósito o análogo será sustituido:

1.º Por aquel en que concurra la situación de hecho, pertenencia legítima y proveniencia de línea exigidas para el cambio ordinario.

2.º En su defecto, por el siguiente, en la misma línea, al que ha de sustituirse.

3.° Si no hay apellidos de la línea, por el elegido por el peticionario o representante legal entre los de la otra, exceptuado el que ya se ostenta como paterno o materno, o entre los de uso corriente.

Redactado tal y como dispone la corrección de errores de este Reglamento (BOE de 21-01-1959).

ART. 212.

El nombre impuesto con infracción de las normas establecidas será, en su caso, traducido y, en los demás, sustituido por otro ajustado, que usare habitualmente el peticionario; en su defecto, por el elegido por él o su representante legal, y, en último término, por una impuesta de oficio.

El apellido impuesto con infracción de las normas será sustituido por el que éstas determinen; en su defecto, por el llevado habitualmente por el peticionario; después, por el de uso corriente que él o su representante legal elija y, en último término, por uno impuesto de oficio.

Modificado por Real Decreto 1917/1986, de 29 de agosto, de modificación de determinados artículos del Reglamento del Registro Civil. (BOE de 19-09-1986).

ART. 213.

Para el que adquiera la nacionalidad, el nacido no inscrito en plazo o el inscrito sin nombre o apellidos, rigen las siguientes reglas:

1.ª Se mantendrá el nombre y, cuando la filiación no determine otros, los apellidos que viniera usando, aunque no fueren, uno u otros, de uso corriente.

2.ª Serán completados o cambiados en cuanto infrinjan las demás normas establecidas.

El cambio o imposición se efectuará conforme a las reglas del artículo anterior, y tratándose de abandonados o expósitos, en cuanto éstas lo consientan, se respetarán los nombres y apellidos de uso corriente indicados en escrito hallado con ellos.

Modificado por Real Decreto 1917/1986, de 29 de agosto, de modificación de determinados artículos del Reglamento del Registro Civil. (BOE de 19-09-1986).

ART. 214.

Estas modificaciones o imposiciones de nombres y apellidos se efectuarán en los trámites previos a la inscripción de nacimiento o complementarios de sus circunstancias, o en el propio expediente de nacionalidad.

Modificado por Real Decreto 1917/1986, de 29 de agosto, de modificación de determinados artículos del Reglamento del Registro Civil. (BOE de 19-09-1986).

ART. 215.

Lo dispuesto en los tres artículos anteriores se entiende sin perjuicio de que los interesados puedan solicitar, cuando proceda, el cambio de nombre y apellidos que no son de uso corriente.

No estando inscritos el nombre y apellidos antiguos, se harán constar, en todo caso, con el cambio producido.

Modificado por Real Decreto 1917/1986, de 29 de agosto, de modificación de determinados artículos del Reglamento del Registro Civil. (BOE de 19-09-1986).

Subsección sexta. Reglas comunes de los expedientes de cambio

ART. 216.

La solicitud para el cambio expresará con claridad la genealogía, en cuanto sea necesario justificar la procedencia de algún apellido. El solicitante acreditará los requisitos exigidos para el cambio.

Modificado por Real Decreto 3455/1977, de 1 de diciembre, sobre modificación de determinados artículos del Reglamento de Registro Civil. (BOE de 25-01-1978).

ART. 217.

Todo cambio de apellidos alcanza a los sujetos a la patria potestad y también a los demás descendientes que expresamente lo consientan.

Para que alcance a estos descendientes, se requiere la inscripción de su consentimiento, formulado bien en el expediente, bien dentro de los dos meses siguientes a la inscripción del cambio y con sujeción a las reglas formales de reconocimiento ante el Encargado.

El Encargado competente para la inscripción de cualquier acto que implique cambio de nombre o apellidos lo comunicará, en cuanto afecte a mayores de dieciséis años, a la Dirección general de la Policía del Ministerio del Interior y al Registro Central de Penados y Rebeldes. También podrá comunicarlo, en su caso, a las autoridades de Policía del país extranjero en que residan los alcanzados por el cambio. La Dirección General de los Registros y del Notariado puede ordenar otras comunicaciones.

> *Modificado por Real Decreto 1917/1986, de 29 de agosto, de modificación de determinados artículos del Reglamento del Registro Civil. (BOE de 19-09-1986).*
>
> *Ver la Instrucción de 25 de junio de 2013, de la Dirección General de los Registros y del Notariado, sobre supuestos a los que se aplica el artículo 217 del Reglamento del Registro Civil.*

ART. 218.

En las autorizaciones de cambios de nombre o apellidos se expresará que no surten efectos mientras no sean inscritos al margen de la inscripción de nacimiento del peticionario.

La inscripción sólo puede practicarse si se solicita antes de ciento ochenta días desde la notificación.

Inscrito el cambio, se pondrá de oficio nota marginal con referencia en todos los folios registrales en que consten los antiguos, incluso en los de nacimiento de los hijos, para lo cual el interesado proporcionará los datos no conocidos.

Subsección séptima. Nombre y apellidos de extranjeros

ART. 219.

El nombre y apellidos de un extranjero se rigen por su ley personal.

Sección sexta. De la nacionalidad y vecindad civil

> *Ver arts. 63 a 68 LRC-1957.*

Subsección primera. Reglas especiales de los expedientes de nacionalidad

> *El Real Decreto 1004/2015, de 6 de noviembre, por el que se aprueba el Reglamento por el que se regula el procedimiento para la adquisición de la nacionalidad española por residencia, prevalecerá sobre lo dispuesto en los artículos 220 a 224 del presente reglamento. Ver la D.F. 2ª del Real Decreto 1004/2015.*

ART. 220.

En la solicitud de carta de naturaleza, de habilitación del Gobierno para recuperar la nacionalidad española o de concesión de la nacionalidad por residencia, se indicará especialmente:

1.º Menciones de identidad, lugar y fecha de nacimiento del solicitante, si tiene la capacidad exigida al efecto por la Ley española, y nacionalidad actual y anteriores de él y de sus padres.

2.º Su estado civil; menciones de identidad y lugar y fecha de nacimiento del cónyuge y de los hijos sujetos a la patria potestad. Si hubiere contraído ulteriores nupcias se hará referencia a los matrimonios anteriores.

3.º Si está procesado o tiene antecedentes penales. Si ha cumplido el servicio militar o prestación equivalente, exigidos por las leyes de su país, o situación al respecto.

4.º La residencia en territorio español, con precisión de fechas y lugares y las circunstancias excepcionales que invoca para la obtención de la carta o de la habilitación.

5.º Las circunstancias que reducen el tiempo exigido; si habla castellano u otra lengua española; cualquier circunstancia de adaptación a la cultura y estilo de vida españoles, como estudios, actividades benéficas o sociales, y las demás que estime conveniente.

6.° Si se propone residir permanentemente en España y medios de vida con que cuenta.

7.° En su caso, el compromiso de renunciar a la nacionalidad anterior y de prestar juramento o promesa de fidelidad al Rey y de obediencia a la Constitución y a las Leyes.

Modificado por Real Decreto 1917/1986, de 29 de agosto, de modificación de determinados artículos del Reglamento del Registro Civil. (BOE de 19-09-1986).

ART. 221.

El peticionario probará los hechos a que se refieren los cinco primeros números del artículo anterior.

Los referidos en los números primero y segundo se acreditarán por certificación del Registro español, en su defecto, por la expedida por Cónsul o funcionaria competente de su país, y de no ser esto posible, por cualquier otro medio.

La certificación consular, si es posible, hará referencia también a las circunstancias del número 3 y a la conducta, que se acreditará, además, por certificado de la autoridad gubernativa local y por el Registro Central de Penados y Rebeldes.

Para la concesión de la nacionalidad por residencia, ésta se acreditará, de ser posible, por información del Gobierno Civil o de la Dirección General de la Policía del Ministerio del Interior.

Las demás hechos y circunstancias se acreditarán por cualquier medio de prueba adecuado admitido en derecho.

El Encargado, en el expediente de concesión de nacionalidad por residencia, oirá personalmente al peticionario, especialmente para comprobar el grado de adaptación a la cultura y estilo de vida españoles, y procurará oír también el cónyuge por separado y reservadamente sobre el cambio de nacionalidad y circunstancias que en ello concurren.

Modificado por Real Decreto 1917/1986, de 29 de agosto, de modificación de determinados artículos del Reglamento del Registro Civil -incluida corrección de errores-. (BOE de 19-09-1986).

ART. 222.

La Dirección recabará los informes oficiales que estime precisos y siempre el del Ministerio del Interior.

El informe de este Departamento comprenderá el juicio sobre la conducta y situación del extranjero respecto de las obligaciones que impone su entrada y residencia en España.

Modificado por Real Decreto 1917/1986, de 29 de agosto, de modificación de determinados artículos del Reglamento del Registro Civil. (BOE de 19-09-1986).

ART. 223.

La concesión de carta de naturaleza revestirá la forma de Real Decreto, dictado a propuesta del Ministro de Justicia. La de habilitación para recuperar la nacionalidad española se formalizará, con la misma propuesta, por acuerdo del Consejo de Ministros.

En el «Boletín Oficial del Estado» se insertará, a efectos informativos, relación semestral de las concesiones de nacionalidad por residencia.

Podrán no motivarse las resoluciones denegatorias por razones de orden público o interés nacional.

Modificado por Real Decreto 1917/1986, de 29 de agosto, de modificación de determinados artículos del Reglamento del Registro Civil. (BOE de 19-09-1986).

ART. 224.

En los ciento ochenta días siguientes a la notificación, pasados los cuales caducará la concesión, el solicitante comparecerá ante el funcionario competente para, en su caso, renunciar a la nacionalidad anterior, prestar la promesa o juramento exigidos e inscribirse como español en el Registro.

El Encargado que recibe las declaraciones velará por la práctica de toda clase de asientos que procedan por el cambio.

Modificado por Real Decreto 1917/1986, de 29 de agosto, de modificación de determinados artículos del Reglamento del Registro Civil. (BOE de 19-09-1986).

Subsección segunda. De las modificaciones de nacionalidad y vecindad

ART. 225.

El cambio de vecindad civil se produce "ipso iure" por la residencia habitual durante diez años seguidos, en provincia o territorio de diferente legislación civil, a no ser que antes de terminar este plazo el interesado formule la declaración en contrario.

En el plazo de los diez años no se computa el tiempo en que el interesado no pueda legalmente regir su persona.

El extranjero que adquiera la nacionalidad española por naturaleza u opción y desee también optar por la vecindad civil correspondiente al territorio de Derecho especial o foral en que lleve al menos dos años de residencia, formulará esta segunda opción ante el Encargado del Registro Civil al mismo tiempo que las declaraciones previstas en el segundo párrafo del artículo 20 del Código Civil. Queda a salvo lo dispuesto, en su caso, por los Estatutos de Autonomía.

Modificado por Real Decreto 628/1987, de 8 de mayo, por el que se modifican los artículos 86 y 225 del Reglamento del Registro Civil. (BOE de 15-05-1987).

ART. 226.

Las declaraciones de voluntad relativas a la nacionalidad o a la vecindad y la renuncia y el juramento o promesa exigidos serán admitidos por el Encargado del Registro aunque no se presente documento alguno, siempre que resulte de la declaración la concurrencia de los requisitos exigidos, pero sólo podrá practicarse la inscripción si se justifican previamente los requisitos para la adquisición, modificación o conservación.

Modificado por Real Decreto 1917/1986, de 29 de agosto, de modificación de determinados artículos del Reglamento del Registro Civil -incluida corrección de errores-. (BOE de 19-09-1986).

ART. 227.

Si al prestarse las declaraciones a que se refiere el artículo anterior no apareciesen acreditados los requisitos exigidos, el declarante, sin perjuicio de los recursos oportunos, estará obligado a completar la prueba en el plazo prudencial que le señale Encargado. Este se limitará por el momento a levantar acta de la declaración y en su día, cuando por acreditarse los requisitos se practique la inscripción, se considerarán hora y fecha de ésta, a partir de la cual surtirá efecto la declaración, las del acta, que se harán constar en el asiento.

Modificado por Real Decreto 1917/1986, de 29 de agosto, de modificación de determinados artículos del Reglamento del Registro Civil. (BOE de 19-09-1986).

ART. 228.

En las inscripciones de nacionalidad o vecindad practicadas en virtud de declaración constará especialmente el carácter de ésta y la hora en que se formula y, en los casos exigidos, la renuncia a la nacionalidad anterior y el juramento o promesa de fidelidad y obediencia.

Las inscripciones de adquisición de nacionalidad por concesión o de recuperación previa habilitación del Gobierno se practicarán en virtud del Real Decreto u Orden correspondientes y de la declaración del interesado.

Modificado por Real Decreto 1917/1986, de 29 de agosto, de modificación de determinados artículos del Reglamento del Registro Civil. (BOE de 19-09-1986).

ART. 229.

Cuando por estar en otro término el Registro competente, o por cualquier obstáculo de hecho no se practicare inmediatamente la inscripción, el Encargado ante el que se formule debidamente declaración de conservación o modificación de nacionalidad o vecindad, levantará acta por duplicado con las circunstancias de la inscripción y las de identidad del sujeto; uno de los ejemplares, con los títulos en su caso, se remitirá al Registro competente para, en su virtud, practicarla.

Redactado tal y como dispone la corrección de errores de este Reglamento (BOE de 21-01-1959).

ART. 230.

En los países extranjeros en que no exista Agente Diplomático o Consular español, la declaración de opción podrá formularse en documento debidamente autenticado dirigido al Ministerio español de Asuntos Exteriores, quien, con informe sobre la fecha de remisión a dicho Ministerio, dará traslado, a través del Ministerio de Justicia, al Registro competente para la inscripción.

Se considerará fecha de la inscripción, a partir de la cual surte sus efectos la opción, la de remisión al Ministerio de Asuntos Exteriores, que constará en dicho asiento.

> *Modificado por Real Decreto 3455/1977, de 1 de diciembre, sobre modificación de determinados artículos del Reglamento de Registro Civil. (BOE de 25-01-1978).*

ART. 231.

El mismo régimen establecido en el artículo anterior será aplicable a cualquier otra declaración de voluntad relativa a la nacionalidad o vecindad civil.

> *Modificado por Real Decreto 1917/1986, de 29 de agosto, de modificación de determinados artículos del Reglamento del Registro Civil. (BOE de 19-09-1986).*

ART. 232.

La pérdida de la nacionalidad sólo se inscribirá en virtud de documentos auténticos que la acrediten plenamente, previa citación del interesado o su representante legal y, en su caso, de sus herederos.

En defecto de documentos auténticos, será necesario expediente gubernativo, con la citación predicha.

> *Modificado por Real Decreto 1917/1986, de 29 de agosto, de modificación de determinados artículos del Reglamento del Registro Civil. (BOE de 19-09-1986).*

ART. 233.

Para inscribir la pérdida de la nacionalidad española por el que ostente desde su menor edad, además, una nacionalidad extranjera, se acreditará debidamente, conforme a lo dispuesto en el artículo precedente, la nacionalidad extranjera que le venga atribuida al interesado desde su minoría y su renuncia expresa a la nacionalidad española.

> *Modificado por Real Decreto 1917/1986, de 29 de agosto, de modificación de determinados artículos del Reglamento del Registro Civil. (BOE de 19-09-1986).*

ART. 234.

En los países extranjeros en que no existan funcionarios consulares o diplomáticos españoles, las peticiones de dispensa o habilitación podrán hacerse en documento debidamente autenticado dirigido al Ministerio de Justicia.

> *Modificado por Real Decreto 1917/1986, de 29 de agosto, de modificación de determinados artículos del Reglamento del Registro Civil. (BOE de 19-09-1986).*

ART. 235.

En los traslados de la concesión de nacionalidad por residencia o por carta de naturaleza, o cuando se inscriba la opción o la recuperación, se advertirá expresamente que los hijos del interesado sometidos a la patria potestad tienen derecho a optar a la nacionalidad española conforme a los artículos 19 y 20 del Código Civil.

> *Modificado por Real Decreto 1917/1986, de 29 de agosto, de modificación de determinados artículos del Reglamento del Registro Civil. (BOE de 19-09-1986).*

ART. 236.

En las inscripciones de vecindad se hará referencia en su texto o en nota marginal complementaria al nacimiento de los demás afectados por la modificación de la vecindad civil, con indicación de nombres y apellidos.

> *Modificado por Real Decreto 1917/1986, de 29 de agosto, de modificación de determinados artículos del Reglamento del Registro Civil. (BOE de 19-09-1986).*

ART. 237.

En las inscripciones de nacimiento de estas personas afectadas se pondrá nota de referencia a la de la vecindad, con indicación del hecho inscrito y del carácter del titular.

Modificado por Real Decreto 1917/1986, de 29 de agosto, de modificación de determinados artículos del Reglamento del Registro Civil. (BOE de 19-09-1986).

CAPÍTULO II
De la Sección de Matrimonios

Ver arts. 69 a 80 LRC-1957.

Sección primera. De la celebración del matrimonio ante Juez o funcionario que haga sus veces

Modificado por Real Decreto 1917/1986, de 29 de agosto, de modificación de determinados artículos del Reglamento del Registro Civil. (BOE de 19-09-1986).

ART. 238.

Es competente para la instrucción del expediente previo a la celebración del matrimonio el Juez encargado o de Paz, o el Encargado del Registro Civil consular, correspondiente al domicilio de cualquiera de los contrayentes.

Modificado por Real Decreto 1917/1986, de 29 de agosto, de modificación de determinados artículos del Reglamento del Registro Civil. (BOE de 19-09-1986).

ART. 239.

El Juez de Paz es competente, bajo la dirección del Encargado y por delegación de éste, para instruir el expediente previo al matrimonio y para autorizar o denegar su celebración.

Firme el auto favorable dictado por el Juez de Paz y si los interesados hubiesen solicitado que el Alcalde autorice el matrimonio, se celebrará el casamiento ante él, quien levantará acta con todos los requisitos exigidos en el Código Civil y en esta legislación y la remitirá inmediatamente al Registro de la localidad para su inscripción.

Modificado por Real Decreto 1917/1986, de 29 de agosto, de modificación de determinados artículos del Reglamento del Registro Civil. (BOE de 19-09-1986).

Ver art. 256 RRC.

ART. 240.

El expediente se inicia con la presentación de un escrito, que contendrá:

1.° Las menciones de identidad, incluso la profesión, de los contrayentes.

2.° En su caso, el nombre y apellidos del cónyuge o cónyuges anteriores y fecha de la disolución del matrimonio.

3.° La declaración de que no existe impedimento para el matrimonio.

4.° El Juez o funcionario elegido, en su caso, para la celebración.

5.° Pueblos en que hubiesen residido o estado domiciliados en los dos últimos años.

El escrito será firmado por un testigo a ruego del contrayente que no pueda hacerlo.

Modificado por Real Decreto 1917/1986, de 29 de agosto, de modificación de determinados artículos del Reglamento del Registro Civil. (BOE de 19-09-1986).

Ver art. 243 RRC.

ART. 241.

Con el escrito se presentará la prueba del nacimiento y, en su caso, la prueba de la disolución de los anteriores vínculos, la emancipación o la dispensa; ésta no prejuzga la inexistencia de otros impedimentos u obstáculos.

Modificado por Real Decreto 1917/1986, de 29 de agosto, de modificación de determinados artículos del Reglamento del Registro Civil. (BOE de 19-09-1986).

ART. 242.

En el momento de la ratificación o cuando se adviertan se indicarán a los contrayentes los defectos de alegación y prueba que deban subsanarse. La ratificación del contrayente que no esté domiciliado en la demarcación del Registro donde se instruya el expediente podrá realizarse por comparecencia ante otro Registro Civil español o por medio de poder especial.

Modificado por Real Decreto 1917/1986, de 29 de agosto, de modificación de determinados artículos del Reglamento del Registro Civil. (BOE de 19-09-1986).

ART. 243.

Se publicarán edictos o proclamas por espacio de quince días exclusivamente en las poblaciones en cuya demarcación hubiesen residido o estado domiciliados los interesados en los dos últimos años y que tengan menos de 25.000 habitantes de derecho, según el último censo oficial, o bien que correspondan a la circunscripción de un Consulado español con menos de 25.000 personas en el Registro de Matrícula.

Los edictos anunciarán el casamiento con todas las indicaciones contenidas en el artículo 240 y con el requerimiento a los que tuviesen noticia de algún impedimento para que lo denuncien. Los Encargados que reciban la comunicación del instructor devolverán a éste los edictos, una vez fijados en el tablón de anuncios durante el plazo expresado, con certificación de haberse cumplido dicho requisito y de haberse o no denunciado algún impedimento.

Modificado por Real Decreto 1917/1986, de 29 de agosto, de modificación de determinados artículos del Reglamento del Registro Civil. (BOE de 19-09-1986).

ART. 244.

Si los interesados hubieran residido en los dos últimos años en poblaciones que no reúnan las condiciones expresadas en el artículo anterior, el trámite de edictos o proclamas se sustituirá por la audiencia, al menos, de un pariente, amigo a allegado de uno u otro contrayente, elegido por el instructor y que deberá manifestar, so pena de falsedad, su convencimiento de que el matrimonio proyectado no incurre en prohibición legal alguna.

Modificado por Real Decreto 1917/1986, de 29 de agosto, de modificación de determinados artículos del Reglamento del Registro Civil. (BOE de 19-09-1986).

ART. 245.

Mientras se tramitan los edictos o diligencias sustitutorias, se practicarán las pruebas propuestas o acordada de oficio encaminadas a acreditar el estado, capacidad o domicilio de los contrayentes o cualesquiera otros extremos necesarios.

Si el instructor estima que alguno de los contrayentes está afectado por deficiencias o anomalías psíquicas, recabará del Médico del Registro Civil o de su sustituto el dictamen facultativo oportuno.

Modificado por Real Decreto 1917/1986, de 29 de agosto, de modificación de determinados artículos del Reglamento del Registro Civil. (BOE de 19-09-1986).

ART. 246.

El instructor, asistido del Secretario, oirá a ambos contrayentes reservadamente y por separado para cerciorarse de la inexistencia del impedimento de ligamen o de cualquier otro obstáculo legal para la celebración. La audiencia del contrayente no domiciliado en la demarcación del instructor podrá practicarse ante el Registro Civil del domicilio de aquél.

Modificado por Real Decreto 1917/1986, de 29 de agosto, de modificación de determinados artículos del Reglamento del Registro Civil. (BOE de 19-09-1986).

ART. 247.

El Ministerio Fiscal y los particulares a cuyo conocimiento llegue la pretensión del matrimonio están obligados a denunciar cualquier impedimento u obstáculo que les conste. Si el instructor conociese la existencia de obstáculo legal, denegará la celebración.

Contra el auto de aprobación o de denegación de la celebración del matrimonio cabe recurso en vía gubernativa, según las reglas establecidas para los expedientes en general.

Modificado por Real Decreto 1917/1986, de 29 de agosto, de modificación de determinados artículos del Reglamento del Registro Civil. (BOE de 19-09-1986).

ART. 248.

Pasado un año desde la publicación de los edictos, de su dispensa o de las diligencias sustitutorias, sin que se efectúe el elemento, no podrá celebrarse éste sin nuevas publicación, dispensa o diligencias.

Modificado por Real Decreto 1917/1986, de 29 de agosto, de modificación de determinados artículos del Reglamento del Registro Civil. (BOE de 19-09-1986).

ART. 249.

Firme el auto favorable a la celebración, se llevará a cabo ésta, en cuanto lo permitan las necesidades del servido, en el día y hora elegidos por los contrayentes, que se les señalará, al menos, con un mes de antelación. Si los contrayentes lo solicitan, el casamiento se celebrará dentro de los tres días siguientes a la conclusión del expediente y en el día y hora que fije el Encargado.

Modificado por Real Decreto 1917/1986, de 29 de agosto, de modificación de determinados artículos del Reglamento del Registro Civil. (BOE de 19-09-1986).

ART. 250.

Cuando los contrayentes, en el escrito inicial o durante la tramitación del expediente, hayan solicitado que la prestación del consentimiento se realice, por delegación del instructor, ante otro Encargado de un Registro Civil, el expediente, una vez concluido por el instructor, se remitirá al Encargado elegido para la celebración, el cual se limitará a autorizar el matrimonio y a extender la inscripción en su Registro.

Modificado por Real Decreto 1917/1986, de 29 de agosto, de modificación de determinados artículos del Reglamento del Registro Civil. (BOE de 19-09-1986).

ART. 251.

En las poblaciones con más de un Juez de Primera instancia cualquiera de ellos, designado por el Juez Decano, podrá sustituir al instructor, una vez firme el auto favorable de éste, en la prestación del consentimiento y en la extensión del asiento en el Registro.

Modificado por Real Decreto 1917/1986, de 29 de agosto, de modificación de determinados artículos del Reglamento del Registro Civil. (BOE de 19-09-1986).

ART. 252.

Si los contrayentes han manifestado su propósito de contraer matrimonio en el extranjero con arreglo a la forma establecida por la Ley del lugar de celebración y esta Ley exige la presentación de un certificado de capacidad matrimonial, una vez concluido el expediente con auto firme favorable, el instructor entregará a aquéllos tal certificado. La validez de éste estará limitada a los seis meses de su fecha.

Modificado por Real Decreto 1917/1986, de 29 de agosto, de modificación de determinados artículos del Reglamento del Registro Civil. (BOE de 19-09-1986).

Ver art. 256 RRC.

ART. 253.

La autoridad o funcionario competente, para autorizar el matrimonio del que se halle en peligro de muerte, extenderá el acta oportuna, que deberá contener las circunstancias necesarias para practicar la inscripción.

El Delegado del Registro Civil, designado conforme a lo previsto en el número 6.° del artículo 71 de este Reglamento, tiene competencia para autorizar este matrimonio y para levantar el acta.

El Juez de Paz está dispensado de pedir instrucciones al Encargado cuando lo impida la urgencia del caso, pero le dará cuenta inmediata del matrimonio autorizado.

Modificado por Real Decreto 1917/1986, de 29 de agosto, de modificación de determinados artículos del Reglamento del Registro Civil. (BOE de 19-09-1986).

ART. 254.

Si en el acta civil de celebración los contrayentes reconocen hijos habidos por ellos antes del matrimonio, deberán manifestar los datos de las inscripciones de nacimiento para promover las correspondientes notas marginales.

Modificado por Real Decreto 1917/1986, de 29 de agosto, de modificación de determinados artículos del Reglamento del Registro Civil. (BOE de 19-09-1986).

Sección segunda. De la inscripción del matrimonio en el Registro Civil

Modificado por Real Decreto 1917/1986, de 29 de agosto, de modificación de determinados artículos del Reglamento del Registro Civil. (BOE de 19-09-1986).

ART. 255.

Si el matrimonio se ha celebrado en las oficinas del propio Registro, como resultado del expediente previo, el acta del matrimonio será la propia inscripción, que se extenderá haciendo constar todas las circunstancias establecidas en la Ley del Registro Civil y su Reglamento, y sin mención del cumplimiento de las diligencias prevenidas para la celebración.

Modificado por Real Decreto 1917/1986, de 29 de agosto, de modificación de determinados artículos del Reglamento del Registro Civil. (BOE de 19-09-1986).

Ver art. 256 RRC.

ART. 256.

A salvo lo dispuesto en el artículo 63 del Código Civil y en los artículos 239, 252 y 255 de este Reglamento, se inscribirán, siempre que no haya dudas de la realidad del hecho y de su legalidad conforme a la española, los matrimonios que consten por cualquiera de los documentos siguientes:

1.° Acta levantada por Encargado o funcionario competente para autorizar el matrimonio del que se halle en peligro de muerte.

2.° Certificación expedida por la Iglesia o confesión, cuya forma de celebración esté legalmente prevista como suficiente por la Ley española.

3.° Certificación expedida por autoridad o funcionario del país de celebración.

4.° Certificación expedida por funcionario competente, acreditativa del matrimonio celebrado en España por dos extranjeros, cumpliendo la forma establecida por la Ley personal de cualquiera de ellos.

El título para practicar la inscripción será, en todos estos casos, el documento expresado y las declaraciones complementarias oportunas.

Modificado por Real Decreto 1917/1986, de 29 de agosto, de modificación de determinados artículos del Reglamento del Registro Civil. (BOE de 19-09-1986).

Ver art. 271 RRC.

ART. 257.

En cualquier otro supuesto el matrimonio sólo puede inscribirse en virtud de expediente, en el que se acreditará debidamente la celebración en forma del matrimonio y la inexistencia de impedimentos.

Modificado por Real Decreto 1917/1986, de 29 de agosto, de modificación de determinados artículos del Reglamento del Registro Civil. (BOE de 19-09-1986).

ART. 258.

En la inscripción de matrimonio constarán la hora, fecha y sitio en que se celebre, las menciones de identidad de los contrayentes, nombre, apellidos y cualidad del autorizante y, en su caso, la certificación religiosa o el acta civil de celebración.

En la inscripción de matrimonio por poder se expresará quién es el poderdante, menciones de identidad del apoderado y fecha y autorizante del poder; en la del contraído con intérprete, sus menciones de identidad, idioma en que se celebra y contrayente a quien se traduce.

Modificado por Real Decreto 1917/1986, de 29 de agosto, de modificación de determinados artículos del Reglamento del Registro Civil. (BOE de 19-09-1986).

ART. 259.

Todas las actuaciones y documentos previos a la inscripción de matrimonio se archivarán en el legajo de la Sección correspondiente.

Modificado por Real Decreto 1917/1986, de 29 de agosto, de modificación de determinados artículos del Reglamento del Registro Civil. (BOE de 19-09-1986).

Sección tercera. De las dispensas matrimoniales

Modificado por Real Decreto 1917/1986, de 29 de agosto, de modificación de determinados artículos del Reglamento del Registro Civil. (BOE de 19-09-1986).

ART. 260.

Podrá solicitarse dispensa de impedimentos, así como de publicación de edictos o proclamas, si en ambos casos existe justa causa suficientemente comprobada.

Quien la solicite acreditará los motivos de índole particular, familiar o social que invoque, y aportará, en su caso, un principio de prueba de impedimento.

Modificado por Real Decreto 1917/1986, de 29 de agosto, de modificación de determinados artículos del Reglamento del Registro Civil. (BOE de 19-09-1986).

ART. 261.

En el expediente se practicarán, en su caso, las audiencias legalmente exigidas. Su tramitación será reservada y nunca se exigirá diligencia desproporcionada a la urgencia de aquélla.

En la solicitud de dispensa de impedimento de grado tercero de parentesco entre colaterales se expresará con claridad el árbol genealógico de los esposos.

Modificado por Real Decreto 1917/1986, de 29 de agosto, de modificación de determinados artículos del Reglamento del Registro Civil. (BOE de 19-09-1986).

ART. 262.

El expediente de dispensa de edictos será resuelto por el mismo Encargado bajo cuya autoridad se ha de instruir el previo al matrimonio.

Modificado por Real Decreto 1917/1986, de 29 de agosto, de modificación de determinados artículos del Reglamento del Registro Civil. (BOE de 19-09-1986).

Sección cuarta. De las sentencias y resoluciones

Modificado por Real Decreto 1917/1986, de 29 de agosto, de modificación de determinados artículos del Reglamento del Registro Civil. (BOE de 19-09-1986).

ART. 263.

Las inscripciones de las resoluciones judiciales precisarán su alcance y las determinaciones sobre patria potestad y cuidado de los hijos.

En la inscripción de la sentencia de nulidad se expresará la cancelación de la de matrimonio.

Modificado por Real Decreto 170/2007, de 9 de febrero, por el que se modifica el Reglamento del Registro Civil, aprobado por Decreto de 14 de noviembre de 1958. (BOE de 09-03-2007).

Modificado por Real Decreto 1917/1986, de 29 de agosto, de modificación de determinados artículos del Reglamento del Registro Civil. (BOE de 19-09-1986).

ART. 264.

Las inscripciones se practican en virtud del testimonio de la resolución judicial remitido de oficio al Registro Civil donde conste inscrito el matrimonio. El Encargado, también de oficio, promoverá la extensión en su Registro o en otros de las notas de referencia sobre alteración de la patria potestad a que se refiere el artículo 180.

Modificado por Real Decreto 1917/1986, de 29 de agosto, de modificación de determinados artículos del Reglamento del Registro Civil. (BOE de 19-09-1986).

ART. 265.

La inscripción de las resoluciones sobre nulidad de matrimonio canónico o de las decisiones pontificias sobre matrimonio rato requieren que previamente su ejecución haya sido acordada por Juez civil competente.

La de las sentencias extranjeras sobre nulidad, separación o divorcie requiere su reconocimiento en España conforme a la dispuesto en las leyes procesales.

Modificado por Real Decreto 1917/1986, de 29 de agosto, de modificación de determinados artículos del Reglamento del Registro Civil. (BOE de 19-09-1986).

Ver arts. 25 y 26 LRC-1957.

Sección quinta. De las menciones o indicaciones sobre régimen de bienes

Modificado por Real Decreto 1917/1986, de 29 de agosto, de modificación de determinados artículos del Reglamento del Registro Civil. (BOE de 19-09-1986).

ART. 266.

Las indicaciones registrales sobre régimen económico de la sociedad conyugal se rigen, a falta de reglas especiales, por las de las inscripciones.

Sólo se extenderán a petición de interesado.

No cabe indicación sobre hecho ya inscrito: la practicada se cancelará de oficio con referencia a la inscripción que tendrá, además del propio, el valor de indicación registral.

En la indicación constará la naturaleza del hecho, la denominación, en su caso del nuevo régimen matrimonial, el documento auténtico o resolución en cuya virtud se extiende el asiento y, en forma destacada, su carácter de indicación.

El título será devuelto al presentante, con nota firmada en la que se consignará el Registro, tomo y folio en que consta la indicación.

En las inscripciones que, en cualquier otro Registro, produzcan las capitulaciones y demás hechos que afecten al régimen económico se expresará el Registro Civil, tomo y folio en que consta inscrito o indicado el hecho. Se acreditarán los datos exigidos por certificación, por el Libro de Familia o por la nota a que se refiere el párrafo anterior, y de no acreditarse se suspenderá la inscripción por defecto subsanable.

En las capitulaciones se consignará siempre el Registro Civil, tomo y folio en que consta inscrito el matrimonio celebrado. Si el matrimonio no se hubiere celebrado aún, los otorgantes están obligados a acreditar, en su caso, esos datos al Notario por medio de certificación del matrimonio o de exhibición del Libro de Familia, y el Notario los consignará por nota al pie o al margen de la escritura matriz; el Notario hará a los otorgantes advertencia de esta obligación.

Los Notarios expedirán copias de las estipulaciones que afecten al régimen económico matrimonial en los casos permitidos por la legislación notarial y, en particular, a cualquier solicitante que presente un principio de prueba que le acredite como titular de algún derecho patrimonial frente a cualquiera de los cónyuges.

Modificado por Real Decreto 1917/1986, de 29 de agosto, de modificación de determinados artículos del Reglamento del Registro Civil. (BOE de 19-09-1986).

Sección sexta. De los matrimonias secretos

Modificado por Real Decreto 1917/1986, de 29 de agosto, de modificación de determinados artículos del Reglamento del Registro Civil. (BOE de 19-09-1986).

ART. 267.

El matrimonio secreto, cualquiera que sea la forma legal en que se celebre, se inscribirá en el Libro Especial.

La autorización a que se refiere el artículo 54 del Código Civil se concederá a propuesta de la Dirección General.

El acta, sin producir asiento alguno en los libros de inscripciones será remitida original, inmediata y reservadamente al Central.

Modificado por Real Decreto 1917/1986, de 29 de agosto, de modificación de determinados artículos del Reglamento del Registro Civil. (BOE de 19-09-1986).

ART. 268.

La inscripción es secreta pero cualquiera de los cónyuges puede comprobarla mediante manifestación y examen, por sí o por mandatario con poder especial.

La obligación de guardar secreto se extiende a los cónyuges, mientras ambos no consientan la divulgación, y a los que intervienen en las diligencias para la celebración o inscripción.

No se hará mención de los cónyuges en las comunicaciones de cumplimiento dirigidas a la Autoridad eclesiástica o Encargado remitente, ni en los Libros Diarios.

ART. 269.

La solicitud de publicación podrá presentarse ante cualquier Registro. En su caso, deberá acompañarse la prueba del fallecimiento del cónyuge premuerto.

Modificado por Real Decreto 1917/1986, de 29 de agosto, de modificación de determinados artículos del Reglamento del Registro Civil. (BOE de 19-09-1986).

ART. 270.

El matrimonio secreto puede inscribirse directamente en Registro ordinario a petición de quienes pueden pedir su publicación, siempre que en la solicitud el Encargado del Central exprese por diligencia, a la vista de la certificación o acta en cuya virtud se ha de inscribir, que no consta inscrito en el Libro Especial.

Sección séptima. De las anotaciones de matrimonio

Modificada por Real Decreto 1917/1986, de 29 de agosto, de modificación de determinados artículos del Reglamento del Registro Civil. (BOE de 19-09-1986).

Su anterior numeración era Sección Octava.

ART. 271.

Deberá ser anotado el matrimonio que conste por expediente o por cualquiera de los documentos a que se refiere el artículo 256 y que no pueda ser inscrito, por no reunir los requisitos exigidos para su validez por el Código Civil o por no haber sido éstos acreditados debidamente.

Modificado por Real Decreto 1917/1986, de 29 de agosto, de modificación de determinados artículos del Reglamento del Registro Civil. (BOE de 19-09-1986).

ART. 272.

Cualquiera de las partes puede solicitar la anotación de la demanda de nulidad, separación o divorcio mediante la presentación del testimonio de su admisión.

Modificado por Real Decreto 1917/1986, de 29 de agosto, de modificación de determinados artículos del Reglamento del Registro Civil. (BOE de 19-09-1986).

CAPÍTULO III
De la Sección de Defunciones

Ver arts. 81 a 87 LRC-1957.

ART. 273.

La declaración se formulará inmediatamente de la muerte.

La obligación de declarar afecta a los consanguíneos hasta el cuarto grado y a los afines hasta el segundo.

ART. 274.

El facultativo que haya asistido al difunto en su última enfermedad o cualquier otro que reconozca el cadáver enviará inmediatamente al Registro parte de defunción en el que, además del nombre, apellidos, carácter y número de colegiación del que lo suscriba, constará que existen señales inequívocas de muerte, su causa y, con la precisión que la inscripción requiere, fecha, hora y lugar del fallecimiento y menciones de identidad del difunto, indicando si es conocido de ciencia propia o acreditada y, en este supuesto, documentos oficiales examinados o menciones de identidad de persona que afirme los datos, la cual también firmará el parte.

Si hubiere indicios de muerte violenta se comunicará urgente y especialmente al Encargado.

Redactado tal y como dispone la corrección de errores de este Reglamento (BOE de 21-01-1959).

ART. 275.

En los Registros que tuvieran adscrito Médico del Registro Civil comprobará éste, por reconocimiento del cadáver, los términos del parte y suplirá sus omisiones, para lo cual se le dará, como mínimo, cuatro horas.

En los que no lo tuvieren, el Encargado, antes de inscribir, exigirá al Médico obligado el parte adecuado, en cuanto lo permita la urgencia de la inscripción y, no obteniéndola, o siendo contradictorio con la información del declarante, comprobará el hecho por medio del sustituto del Médico del Registro Civil, que ratificará o suplirá el parte exigido.

El Médico del Registro Civil o sustituto más cercano que resida en población situada a más de dos kilómetros podrá excusar su asistencia. La comprobación se hará entonces a elección del Encargado o Juez de Paz, por él mismo, por quien tiene a este respecto los mismos deberes y facultades o delegando, bajo su responsabilidad, en dos personas capaces; el resultado se diligenciará en acta separada.

En los Registros Consulares, en defecto de parte adecuado, se acudirá a la comprobación supletoria a que se refiere el párrafo anterior.

Cuando las informaciones fueren defectuosas u ofrecieren dudas fundadas, el Encargado, por sí solo o asistido de perito, practicará las comprobaciones oportunas antes de proceder a la inscripción.

Modificado por Real Decreto 1917/1986, de 29 de agosto, de modificación de determinados artículos del Reglamento del Registro Civil. (BOE de 19-09-1986).

ART. 276.

Las comprobaciones y demás diligencias para la inscripción y la expedición de la licencia de entierro se realizarán dentro de las veinticuatro horas siguientes a la defunción.

ART. 277.

La inscripción puede practicarse, en todo caso, y sin perjuicio de lo que dispone el artículo siguiente, por sentencia u orden de la autoridad judicial que afirme, sin duda alguna, el fallecimiento.

Modificado por Real Decreto 1917/1986, de 29 de agosto, de modificación de determinados artículos del Reglamento del Registro Civil. (BOE de 19-09-1986).

ART. 278.

Cuando el cadáver hubiera desaparecido o se hubiera inhumado, no basta para la inscripción la fama de muerte, sino que se requiere certeza que excluya cualquier duda racional.

En su caso, a la orden de la autoridad judicial que instruye las diligencias seguidas por la muerte, debe haber precedido informa favorable del Ministerio Fiscal, y si se trata de autoridad judicial militar, el del Auditor; si la autoridad es extranjera, se instruirá, para poder inscribir, el oportuno expediente.

Para precisar las circunstancias en el expediente o diligencias, se tendrán en cuenta las pruebas previstas para el de reconstitución.

Modificado por Decreto 1138/1969, de 22 de mayo, por el que se modifican determinados artículos del Reglamento del Registro Civil. (BOE de 17-06-1969).

ART. 279.

El fallecimiento en las condiciones a que se refiere el artículo anterior, ocurrido en campaña o en cautividad, se inscribirá en virtud de expediente instruido y resuelto conforme a esta legislación, sin ulterior recurso en vía gubernativa, por la Autoridad Judicial militar de la Región, Zona o Departamento correspondiente y, en su defecto, por la de la Primera o la Central, y siempre previo Informe favorable del Auditor.

Redactado tal y como dispone la corrección de errores de este Reglamento (BOE de 21-01-1959).

ART. 280.

En la inscripción de defunción constarán especialmente:

1.° Las menciones de identidad del fallecido.

2.° Hora, fecha y lugar del fallecimiento.

3.° Número que se asigna en el legajo al parte o comprobación.

Párrafo primero redactado tal y como dispone la corrección de errores de este Reglamento (BOE de 21-01-1959).

ART. 281.

Las menciones de identidad desconocidas se suplicarán por los nombres o apodos, señales o defectos de conformación, edad aparente o cualquier otro dato identificante; los vestidos, papeles u otros objetos encontrados con el difunto serán reseñados por diligencia en folio suelto.

De no poderse expresar la hora, fecha y lugar del fallecimiento se indicarán los límites máximo y mínimo del tiempo en que ocurrió y el primer lugar conocido de situación del cadáver.

La inscripción será completada y, en su caso, conocido el lugar de defunción, trasladada al Registro competente, en virtud de sentencia, expediente gubernativo u orden de la Autoridad Judicial. Los antecedentes se pasarán al Ministerio Fiscal para que promueva el expediente oportuno, sino hay en curso procedimiento o diligencias suficiente a este fin.

Párrafo primero redactado tal y como dispone la corrección de errores de este Reglamento (BOE de 21-01-1959).

ART. 282.

La inhumación se ajustará a las Leyes y Reglamentos respecto al tiempo, lugar y demás formalidades.

La licencia se extenderá inmediatamente de la inscripción por el Encargado o por la Autoridad Judicial que instruya las diligencias oportunas y servirá para la inhumación en cualquier lugar, al que no hará mención.

Justificado el fallecimiento, la licencia también podrá expedirse por el Encargado del lugar en que ha de llevarse a efecto la inhumación, si es distinto de aquel en que haya de extender la inscripción y antes o después de extendida.

En la inscripción o por nota marginal se hará referencia al lugar de enterramiento, si consta en la declaración de defunción o en certificación de Autoridad o funcionario a cuyo cargo está el cementerio; esta certificación es título suficiente para modificar o rectificar la referencia.

Redactado tal y como dispone la corrección de errores de este Reglamento (BOE de 21-01-1959).

CAPÍTULO IV
De la Sección de Tutelas y Representaciones legales

Sección Primera. De las inscripciones

ART. 283.

Son objeto de inscripción los cargos tutelares o de la curatela, sus modificaciones y las medidas judiciales sobre guarda o administración, o sobre vigilancia o control de aquellos cargos.

También son inscribibles los cargos de Albacea, Depositario, Administrador e Interventor judiciales, Síndico o cualesquiera otros representantes que tengan nombramiento especial y asuman la administración y guarda de un patrimonio.

Modificado por Real Decreto 1917/1986, de 29 de agosto, de modificación de determinados artículos del Reglamento del Registro Civil. (BOE de 19-09-1986).

ART. 284.

No estarán sujetos a inscripción:

1.° La patria potestad y sus modificaciones, sin perjuicio de lo dispuesto para la Sección Primera del Registro Civil y de la inscripción de Administradores nombrados para los menores.

2.° Las representaciones de personas jurídicas o de su patrimonio en liquidación.

3.° Los apoderamientos voluntarios.

Modificado por Real Decreto 1917/1986, de 29 de agosto, de modificación de determinados artículos del Reglamento del Registro Civil. (BOE de 19-09-1986).

ART. 285.

Tanto el domicilio como el lugar donde estuvieren dentro o fuera de España, la mayor parte de los bienes se acredita a efectos de decidir el Registro competente. por declaración del gestor o representante legal o por cualquier otro medio.

ART. 286.

Los cargos se inscriben por testimonio judicial u otro documento público suficiente que acredite la toma de posesión.

La inscripción del administrador del caudal relicto requiere acreditar la aceptación del cargo, en virtud de documento con firma autenticada; no se requiere acreditarla si el mismo nombrado promueve el asiento, lo cual se hará constar entonces en él con su firma.

Modificado por Real Decreto 1917/1986, de 29 de agosto, de modificación de determinados artículos del Reglamento del Registro Civil. (BOE de 19-09-1986).

ART. 287.

El folio registral de cada tutela, curatela o representación legal se abrirá con la inscripción primeramente obligatoria relativa a la misma; respeto de las posteriores se aplicará lo establecido sobre inscripciones marginales.

El Encargado del Registro, inmediatamente de practicada la inscripción principal, determinará el número de páginas que ha de comprender el folio, haciéndolo así constar al pie de la última asignada por diligencia en la que se referirá a la inscripción principal.

El organismo tutelar para varios hermanos será objeto de inscripciones únicas.

La inscripción de representación legal del ausente se practicará en el folio abierto para el defensor, si hubiera precedido la de este cargo.

Modificado por Real Decreto 1917/1986, de 29 de agosto, de modificación de determinados artículos del Reglamento del Registro Civil. (BOE de 19-09-1986).

ART. 288.

En la primera inscripción se expresarán las menciones de identidad del pupilo o de los que, con anterioridad a la constitución de la representación, eran titulares de los patrimonios a ella sujetos. En los asientos marginales se expresarán sólo los nombres y apellidos.

En la primera o a su margen se hará referencia a la de su nacimiento y a la de incapacitación, declaración de ausencia, muerte u otro hecho que motivó la representación legal.

También, por nota marginal se hará referencia, en su día, a la inscripción del hecho que implique la extinción de la tutela, curatela o representación, cuando se practique en distinto folio registral.

Modificado por Real Decreto 1917/1986, de 29 de agosto, de modificación de determinados artículos del Reglamento del Registro Civil. (BOE de 19-09-1986).

ART. 289.

En la inscripción se expresará especialmente:

1.° La naturaleza de los cargos, y si la representación incumbe a varias personas y en qué medida.

2.° Parentesco con el tutelado o representado, cuando sea la razón del nombramiento.

3.° Facultades de representación conferidas en el título de nombramiento y las limitaciones, igualmente impuestas, si no constan en la inscripción del hecho que motiva la representación legal.

4.° Fecha de toma de posesión.

En la inscripción de modificación se expresará el alcance de ésta.

Modificado por Real Decreto 1917/1986, de 29 de agosto, de modificación de determinados artículos del Reglamento del Registro Civil. (BOE de 19-09-1986).

Sección Segunda. De las anotaciones

ART. 290.

Se hará constar por anotación:

1.° La existencia del inventario o descripciones de bienes formados por el tutor o defensor del desaparecido y la de inventarios, descripción de bienes, escrituras de transmisiones y gravámenes o de partición o adjudicación y actas de protocolización a que se refiere el artículo 198 del Código Civil.

2.° La presentación o modificación de la garantía o fianza exigida al tutor.

3.° La declaración, en su caso, de que se han compensado frutos por alimentos.

4.° La rendición de cuentas por el tutor.

Las cuentas serán depositadas en la oficina del Registro y con ellas se formarán legajos especiales ordenados por organismos tutelares, que se conservarán durante ciento cincuenta años.

Modificado por Real Decreto 1917/1986, de 29 de agosto, de modificación de determinados artículos del Reglamento del Registro Civil. (BOE de 19-09-1986).

ART. 291.

Están obligados a promoverlas sin demora:

1.° El Juez.

2.° El tutor o curador.

3.° El defensor del desaparecido o representante legal del ausente.

4.° El Ministerio fiscal.

Las autoridades y funcionarios a quienes consten, por razón de sus cargos, los hechos no anotados, están obligados o comunicarlos al Ministerio Fiscal.

Modificado por Real Decreto 1917/1986, de 29 de agosto, de modificación de determinados artículos del Reglamento del Registro Civil. (BOE de 19-09-1986).

ART. 292.

Estas anotaciones pueden practicarse en virtud de testimonio de la resolución judicial oportuna o de parte enviado oficialmente por el funcionario autorizante.

En ellas constarán especialmente:

1.° En sus casos, las menciones de identidad de los comparecientes y de los otorgantes y lugar, fecha y funcionario autorizante.

2.° En las de inventarios y particiones, el valor total que en el título se asigne a los bienes.
3.° En las de transmisiones y gravámenes, el auto de concesión de la licencia judicial, y
4.° En la de prestación de fianza, la clase de bienes en que se haya constituido y, si es personal, las menciones de identidad de los fiadores.

Modificado por Real Decreto 1917/1986, de 29 de agosto, de modificación de determinados artículos del Reglamento del Registro Civil. (BOE de 19-09-1986).

TÍTULO VI
De la rectificación y otros procedimientos

Ver arts. 92 a 96 LRC-1957.

CAPÍTULO PRIMERO
De la rectificación

Sección Primera. Reglas especiales

ART. 293.

Las inscripciones no pueden rectificarse en virtud de sentencia recaída en proceso penal; no obstante, en cuanto sean contradictorias con los hechos que la sentencia declara probados, serán rectificadas mediante expediente gubernativo.

ART. 294.

Para rectificar en la inscripción de nacimiento la indicación del sexo se investigará:
1.° Si la identidad queda establecida por las demás circunstancias de la inscripción.
2.° Si no existe o ha existido otra persona con tales circunstancias y del sexo indicado.
3.° Si la persona a que afecta la rectificación no está correctamente inscrita en otro asiento; y
4.° El sexo del inscrito por dictamen del Médico del Registro Civil o su sustituto.

ART. 295.

Procede la rectificación de errores provenientes de documento público nacional o extranjero, o eclesiástico, cuando el original o matriz haya sido, a su vez, rectificado por el procedimiento legal correspondiente.

Las actas simples o duplicadas establecidas en la legislación del Registro, para en su virtud, practicar inscripciones, se rectificarán por los procedimientos fijados para los correspondientes asientos.

Modificado por Real Decreto 1917/1986, de 29 de agosto, de modificación de determinados artículos del Reglamento del Registro Civil. (BOE de 19-09-1986).

Sección Segunda. De los expedientes para completar o suprimir circunstancias y asientos

ART. 296.

Basta expediente gubernativo para completar los datos y circunstancias de inscripciones firmadas:
1.° Cuando la inscripción del hecho es posible en virtud de expediente.
2.° Cuando se trata de omisiones de menciones o indicaciones que, de estar equivocadas, podrían rectificarse por expediente gubernativo.

Las reglas de uno u otro expediente rigen también en el que tiene por fin completar las inscripciones.

No se requiere expediente si la inscripción complementaria puede practicarse en virtud de declaración en los casos, tiempo y forma señalados en la Ley o por documento auténtico.

ART. 297.

Por expediente gubernativo sólo pueden suprimirse:

1.° Las circunstancias cuya constancia no está prevista legal o reglamentariamente.

2.° Los asientos sobre hechos que no constituyen el objeto del Registro.

3.° Los asientos o circunstancias cuya práctica se haya basado, de modo evidente, según el propio asiento, en título manifiestamente ilegal.

4.° Las adiciones, apostillas, interlineados, raspaduras y enmiendas nulos; el asiento se considera parcialmente destruido en cuantos datos y circunstancias resulten ilegibles en el expediente.

Modificado por Real Decreto 1917/1986, de 29 de agosto, de modificación de determinados artículos del Reglamento del Registro Civil. (BOE de 19-09-1986).

Ver art. 34 LRC-1957.

Sección Tercera. De los defectos y faltas formales y de su corrección

ART. 298.

Son defectos formales de los asientos:

1.° Su extensión en Registro, libro o folio distinto del que corresponde. La competencia para el expediente viene determinada por el Registro en que se practicaron y la resolución ordenará el traslado del asiento o asientos, los cuales deben ser cancelados,

2.° La actuación en los asientos o en las diligencias previas, de funcionario incompatible o de quien, sin estar legítimamente encargado de funciones en el Registro las ejerce públicamente.

3.° El practicarlos fuera del libro correspondiente o formado sin las cautelas o el visado reglamentario; o el no extenderlos por orden sucesivo o en los espacios oportunos.

4.° La omisión a expresión inexacta de la declaración, declarante y testigos, o del documento en virtud del cual se practican.

5.° La omisión de la fecha de las inscripciones, de los nombres de quienes las autorizan o de las firmas legalmente exigidas.

6.° El uso de abreviaturas o guarismo no permitidos, el empleo de idioma distinto del castellano, la difícil legibilidad de caracteres, así como la defectuosa expresión de conceptos cuando por el contexto de la inscripción o de otras no hay duda sobre su contenido. Estos asientos se entenderán destruidos en la medida en que resulten ilegibles.

Redactado tal y como dispone la corrección de errores de este Reglamento (BOE de 21-01-1959).

ART. 299.

Para acreditar debidamente los hechos de que los asientos dan fe se requiere presentar títulos suficientes para la inscripción o justificar cumplidamente, mediante los propios asientos defectuosos, los documentos archivados, u otros medios que se practicaron en virtud de título adecuado.

Se presumen acreditados:

1.° Los extendidos en libros o registros que no corresponda.

2.° En caso de intervención de funcionario ilegitimo, si se acredita que ejerció la función con diligencia y pericia ordinarias.

3.° En las demás faltas, siempre que, al menos, se trate de inscripción firmada, extendida en libro, por orden sucesivo, con la debida constancia de la declaración o documento auténtico, en virtud del cual se practica.

El anuncio a interesados en los tres casos anteriores puede ser general.

Párrafo primero redactado tal y como dispone la corrección de errores de este Reglamento (BOE de 21-01-1959).

ART. 300.

La Dirección General puede dispensar de la traducción al castellano, que, sin embargo. deberá hacerse si hay petición de interesado; las certificaciones se expedirán siempre traducidas. En estos casos, la traducción se realizará sin expediente, por el encargado o persona con título facultativo idóneo, dando vista al Ministerio Fiscal.

La dispensa será objeto de inscripción, como las resoluciones de estos expedientes.

ART. 301.

Basta expediente gubernativo para cancelar la inscripción practicada sobre hecho ya inscrito con las mismas circunstancias; en la cancelación se hará referencia al antiguo asiento al que serán trasladados los asientos marginales del cancelado,

Si una inscripción contradice a otras en los hechos de que ambas dan fe, la rectificación sólo puede obtenerse en juicio ordinario, cuya anotación en ambos folios será solicitada por el Ministerio Fiscal.

ART. 302.

Las resoluciones de los expedientes se limitarán a declarar los defectos formales de los asientos o las faltas en el modo de llevar los libros y a corregirlos, en su caso, sin determinar el alcance de la infracción en orden a la eficacia de los asientos.

ART. 303.

Son faltas en el modo de llevar los libros que no afectan directamente a inscripciones:

1.° Los defectos de formato de los libros.

2.° Las cometidas en la numeración o en la indicación alfabética de asientos o páginas. Si los defectos son numerosos se acodará numerar nuevamente en sentido inverso, con distinta tinta y sin borrar la numeración anterior; la numeración inversa de inscripciones no se practicará hasta que se extienda la diligencia de cierre.

En los expedientes promovidos para corregirlas basta el anuncio general a interesados.

ART. 304.

No se requiere expediente para corregir:

1.° Cualquier infracción en el modo de llevar los libros, incluso en la diligencia de apertura, cuando no se han practicado en ellos inscripciones.

2.° La omisión de la diligencia de cierre o índices o cualquier infracción cometida en una u otros.

Sección Cuarta. De la inscripción de resoluciones

ART. 305.

Las resoluciones denegatorias no serán objeto de inscripción, pero sí las que declaren la existencia de defectos formales de los asientos o de faltas en el modo de llevar los libros que afectan directamente a inscripciones firmadas, las de rectificación y corrección y las que completan una inscripción.

ART. 306.

La inscripción se practicará en el folio registral a que se refiere la resolución, y determinará las expresiones o conceptos que se cancelan y las que las sustituyen, el defecto o falta, a que afectan o las circunstancias que se agregan, con referencia a la inscripción rectificada, corregida, completada o afectada.

ART. 307.

En la resolución puede ordenarse, para mayor claridad del asiento y mayor seguridad de los correspondientes datos reservados, la cancelación del antiguo asiento con referencia a otro nuevo que, con las circunstancias a que se refiere el artículo anterior, lo comprenda y sustituya; tratándose de inscripciones principales, se trasladará todo el folio registral. Igual traslado total se realizará, a petición del interesado mayor de edad o de quien tenga la representación legal del menor, en los casos de rectificación o modificación de sexo o de filiación. En el caso de adopción, el traslado no requerirá expediente, y se estará, en cuanto a los datos de la nueva inscripción de nacimiento, a lo dispuesto en el segundo párrafo del artículo 77. De la nueva inscripción se podrán expedir certificaciones literales a favor de cualquier persona con interés en conocer el asiento.

Se ordenará igualmente el traslado de los asientos practicados sin garantías de conservación y las difícilmente legibles o en peligro de destrucción o ilegibilidad.

Si el traslado se refiere a numerosos asientos, podrá ordenarse la apertura de libros especiales; la cancelación se hará al margen da la diligencia de apertura del libro que pierda vigencia o, en su caso, al margen del primer folio afectado; se cruzarán las hojas con tinta de distinto color y se pondrá nota de referencia a la cancelación y a la nueva inscripción al margen de cada folio registral.

Toda, inscripción principal trasladada hará referencia a la antigua.

Párrafo primero modificado por Real Decreto 820/2005, de 8 de julio, por el que se modifica el Reglamento del Registro Civil, aprobado por el Decreto de 14 de noviembre de 1958. (BOE de 23-07-2005).

Ver art. 31 LRC-1957.

ART. 308.

Se ordenará el cierre de los libros con defectos insubsanables; si contuvieren asientos vigentes se tomarán las medidas oportunas a su conservación, encuadernándolos, si fuere conveniente.

ART. 309.

Cuando un mismo defecto afecte a varios asientos de un folio registral, basta uno solo de corrección o declaración con referencia a todos ellos.

Si afecta a varios folios, el órgano que dictó la resolución puede ordenar la inscripción de corrección o declaración con referencia a todos los asientos afectados, al margen de la diligencia de apertura, y si ésta faltare o se abrieren nuevos libros, al margen de la que se ordene extender, poniendo referencia en los folios afectados o en aquellos en que se extendieron los trasladados. Igualmente se procederá con las faltas en el modo de llevar los libros que no afecten directamente a inscripciones; pero si el asiento se extendiere al margen de la diligencia de apertura no se pondrá nota en cada folio.

Párrafo segundo redactado tal y como dispone la corrección de errores de este Reglamento (BOE de 21-01-1959).

ART. 310.

Rectificada una inscripción, se rectificarán también, por nota, los demás asientos que, fundados en la misma, estuviesen igualmente equivocados o fueren incompletos.

CAPÍTULO II
Del expediente para la inscripción de nacimiento fuera de plazo

ART. 311.

En la solicitud para la inscripción fuera de plazo se expresará que, realizada la investigación oportuna, no se ha encontrado inscripción de nacimiento o se presentará la correspondiente certificación negativa.

ART. 312.

En el expediente se investigará por las pruebas presentadas o de oficio:

1.° Que no hay previa inscripción de nacimiento.

2.° La existencia e identidad del nacido.

3.° Cuantas circunstancias deban constar en la inscripción.

ART. 313.

En caso de duda sobre el sexo o edad del nacido, emitirá dictamen el Médico del Registro Civil o su sustituto.

Para determinar el año y población de nacimiento basta la información de dos personas a quienes les conste de ciencia propia o por notoriedad; pero para precisar más el tiempo y lugar acreditados por notoriedad se procurará que concurran otras pruebas.

Modificado por Real Decreto 3455/1977, de 1 de diciembre, sobre modificación de determinados artículos del Reglamento de Registro Civil. (BOE de 25-01-1978).

ART. 314.

En cuanto a la filiación se estará a lo legalmente dispuesto.

Modificado por Real Decreto 1917/1986, de 29 de agosto, de modificación de determinados artículos del Reglamento del Registro Civil. (BOE de 19-09-1986).

ART. 315.

Siempre que no produzca dilación superior a treinta días, deberán incorporarse al expediente:

1.° El parte de alumbramiento, suscrito por Médico, Comadrona o Ayudante Técnico Sanitario o, en su defecto, la partida de bautismo o análoga de la religión correspondiente.

2.° Certificado del matrimonio de los padres y, no siendo posible, la partida eclesiástica.

3.° En su caso, certificación o parte oficial de la inscripción de nulidad, disolución o separación legal del matrimonio, aun la provisional, o de la muerte o declaración de ausencia o fallecimiento del marido.

Esto se entiende sin perjuicio de las diligencias para mejor proveer, como la unión al expediente del certificado de empadronamiento, la práctica o ampliación de prueba testifical u otras.

Modificado por Real Decreto 1917/1986, de 29 de agosto, de modificación de determinados artículos del Reglamento del Registro Civil. (BOE de 19-09-1986).

ART. 316.

Comprobada la existencia o identidad del no inscrito y realizadas las diligencias oportunas, se ordenará practicar la inscripción con cuantas circunstancias hayan quedado acreditadas.

Caso de incompetencia, se remitirán las actuaciones, sin resolver, al órgano correspondiente.

CAPÍTULO III
De la reconstitución de inscripciones destruidas

Sección Primera. De las medidas para caso de destrucción o deterioro

Ver art. 31 LRC-1957.

ART. 317.

El Encargado, en caso de siniestro, hará cuanto esté a su alcance para salvar los asientos y documentos, y a este efecto podrá requerir la ayuda de la autoridad gubernativa. Dará cuenta urgentemente de la destrucción o deterioro al Presidente del Tribunal Superior de Justicia.

Si resultan afectadas Inscripciones de más de un folio registral, dará cuenta también a la Dirección General, y el Presidente del Tribunal Superior de Justicia, o el Magistrado en quien delegue, girará inmediatamente una visita extraordinaria de inspección, para la que podrá también delegar, tratándose de Registros en los que actúe el Juez de Paz, en el de Primera Instancia correspondiente. Siempre que resultare dudosa la culpabilidad del Encargado, será inmediatamente sustituido en las diligencias de salvamento y reconstitución.

Modificado por Real Decreto 1917/1986, de 29 de agosto, de modificación de determinados artículos del Reglamento del Registro Civil. (BOE de 19-09-1986).

ART. 318.

El propio Encargado levantará urgentemente acta en la que consten clara y ordenadamente las circunstancias del siniestro y tomos y legajos siniestrados, con especificación detallada, por orden de páginas, asientos o documentos, de su estado, del de las tintas y de su legibilidad y copia literal de los asientos y documentos en peligro de destrucción o ilegibilidad que no pudieran ser inmediatamente trasladados.

Cuando los folios y libros no tengan garantías para la conservación o resulten difícilmente legibles o en peligro de destrucción o ilegibilidad, el citado Encargado trasladará los asientos, conforme a lo dispuesto sobre traslados por rectificación o corrección, en cuanto sea aplicable. El traslado será intervenido por el Ministerio Fiscal, que firmará también los asientos.

Si la urgencia del salvamento no permite el traslado ni las transcripciones literales en el acta, se procurarán reproducciones foto o fonográficas tomadas y custodiadas oficialmente, las que serán apreciadas discrecionalmente en el procedimiento.

Ver art. 328 RRC.

ART. 319.

Los libros salvados deberán encuadernarse interpolándose una hoja en sustitución de cada grupo de folios correlativos intermedios que falten, en la que se hará constar que desaparecieron o se inutilizaron, con referencia al acta en que se acredite, y en su día, a la reconstitución con indicación del tomo y página.

Al margen de la diligencia de apertura se diligenciará el alcance del siniestro en el libro deteriorado.

Los folios no susceptibles de encuadernación y los documentos archivados salvados se conservarán en carpetas ordenadas por tomos, libros y legajos.

ART. 320.

Los asientos, incluso los del Libro de Personal y Oficina, se reconstituirán en virtud de expediente.

Se reconstituirán sin necesidad de expediente:

1.° Los índices, ficheros y legajos, salvo el de notas marginales, por lo que resulte de los folios salvados. En los legajos constarán las circunstancias del hecho de que especialmente dé fe cada inscripción.

2.° Las notas marginales.

Sección Segunda. Del expediente de reconstitución

ART. 321.

El expediente se iniciará de oficio en cuanto lo permitan las circunstancias excepcionales que impidan o perturben el funcionamiento del Registro. El plazo para su tramitación se fijará por el Presidente del Tribunal Superior de Justicia dentro de los quince días siguientes a la apertura, y lo comunicará seguidamente a la. Dirección General; su duración será de ochenta días, que podrá ampliase en diez más por cada cuatrocientas páginas o fracción de ellas que hayan sido destruidas o deterioradas.

La Dirección General puede prorrogar discrecionalmente el plazo por el tiempo necesario, a petición fundada del Encargado o de quien ostente interés especial; la prórroga tendrá también la conveniente publicidad.

El Presidente del Tribunal Superior de Justicia velará porque la reconstitución termine dentro del plazo, exigiendo, a este efecto, las informaciones que estime oportunas sobre el curso del expediente.

Modificado por Real Decreto 1917/1986, de 29 de agosto, de modificación de determinados artículos del Reglamento del Registro Civil. (BOE de 19-09-1986).

ART. 322.

Podrá también promoverse reconstitución de asientos fuera de plaza hábil. Si el expediente seguido en tiempo oportuno hubiere sido anunciado a los interesados, los hechos que sólo producen efecto contra tercero desde su inscripción dejarán de producirlo mientras no se verifique la reinscripción.

Aun cuando la nueva inscripción no exprese el carácter de reinscripción, se pueden emplear otros medios de prueba para demostrar la previa inscripción.

Respecto de todo o parte de una inscripción practicada o no en plazo de reconstitución, puede hacerse constar, si llega a acreditarse, su carácter de reinscripción.

ART. 323.

En este expediente basta el anuncio general a interesados, que se hará inmediatamente a la fijación del plazo, con mención de éste y concediéndoles treinta días para que puedan formular alegaciones y constituirse en parte.

ART. 324.

Para acreditar la inscripción destruida se admite cualquier medio de prueba y se tendrán preferentemente en cuenta:

1.º Las certificaciones de ella o de inscripciones duplicadas y los Libros de Familia y Filiación.

2.º Las inscripciones canceladas por traslado.

3.º Los restos salvados de la parcialmente destruida.

4.º Las referencias a la destruida en otros asientos, notas marginales, legajos, índices y ficheros.

5.º Las copias, testimonios, certificaciones o duplicados que sirvieron de título a la inscripción, o los originales, matrices o libros diarios de los funcionarios a que se refiere el artículo 19 de la Ley o de otros en que conste consignada.

6.º Las copias o testimonios de certificaciones o partes y cualquier documento en que conste la mención auténtica de la inscripción o de su certificación.

7.º Las certificaciones de los libros de cementerios.

8.º Los documentos mencionados expedidos por autoridades o funcionarios ilegítimos.

Se dará preferencia a los documentos existentes al tiempo de la destrucción en el Archivo Provincial del Registro Civil, Juzgado, Registros, Notarías u otras oficinas públicas que, originales o por traslado, lleguen al expediente por vía oficial. A este efecto serán reclamados de oficio.

Redactado tal y como dispone la corrección de errores de este Reglamento (BOE de 21-01-1959).

ART. 325.

Para precisar las circunstancias de los hechos que se reinscriban se requerirá, en cuanto sea posible:

1.º Los documentos auténticos en cuya virtud puede practicarse la inscripción.

2.º Las partidas canónicas y certificaciones de Registros extranjeros, libros de cementerios y de empadronamiento, los documentos extranjeros o de autoridades o funcionarios ilegítimos y los demás medios convenientes o exigidos en expediente destinado a practicar la correspondiente inscripción.

ART. 326.

Los asientos serán reconstituidos con todos los datos y circunstancias que tuvieren, aunque fueren irregulares o defectuosos. Cuando procedan rectificaciones u otras alteraciones en virtud de expediente, se hará constar en las reinscripciones las que se produzcan.

La acumulación de otros expedientes al de reconstitución se entiende sin perjuicio del régimen especial de cada uno y, en su caso, de la necesaria aprobación judicial de éstos.

Sección tercera. De las reinscripciones

ART. 327.

A medida que vayan resultando acreditadas las antiguas inscripciones se acordarán las reinscripciones con las circunstancias y asientos marginales probados, incluso con indicación del tomo y página; el acuerdo se reflejará sucintamente con fecha y firma en el documento principal que vaya al legajo o en uno especial.

El acuerdo será notificado oralmente a quien proceda; quien pretenda recurrir exigirá que se formule el auto y se notifique en forma.

Las reinscripciones se practicarán seguidamente observando, en lo posible, un orden cronológico, según los hechos de que den fe, y sin dejar huecos para las recurridas, que se extenderán cuando la resolución sea firme.

Párrafo tercero redactado tal y como dispone la corrección de errores de este Reglamento (BOE de 21-01-1959).

ART. 328.

La resolución puede ordenar según convenga, para la claridad y conservación:

a) El traslado de todos los asientos de un folio registral a otro de los libros corrientes, con sujeción a las reglas referidas en el artículo 318.

b) La extensión del asiento reconstruido en el folio antiguo o en aquel a que, en su caso, hubieren sido trasladados los demás asientos de él.

Si la reconstitución afecta a numerosos asientos podrá ordenarse la apertura de libros especiales, circunstancia que expresarán las diligencias, de apertura y cierre.

Redactado tal y como dispone la corrección de errores de este Reglamento (BOE de 21-01-1959).

ART. 329.

En cada asiento o folio reconstituido constará:

1.° La reproducción de los asientos en los términos acordados.

2.° La resolución en cuya virtud se practica la reconstitución.

3.° La fecha de los nuevos asientos y los nombres de los funcionarios que los autoricen.

ART. 330.

Los antiguos asientos parcialmente destruidos, serán cancelados, haciendo referencia a los nuevos.

La cancelación que afectare a numerosos asientos se hará al margen de la diligencia de apertura o, en su defecto, en el primer folio afectado; se cruzarán todos los folios con tinta de distinto color y se pondrá nota de referencia a la cancelación y a la nueva inscripción, al margen de cada inscripción principal.

ART. 331.

Las inscripciones principales reconstruidas en tomo distinto de aquel al cual corresponden las originarias, según el tiempo del hecho, se reflejarán también en el índice del antiguo, con indicación de la página y tomo, salvo si estuvieren cancelados los asientos primitivos correspondientes.

Las practicadas en tomo distinto del destinado a contener las reconstituciones por la fecha del hecho se reflejarán en el índice del último, con indicación del tomo y página en que se encuentra.

Párrafo primero redactado tal y como dispone la corrección de errores de este Reglamento (BOE de 21-01-1959).

ART. 332.

Los documentos utilizados para la reconstitución, menos los libros, índice y los que hayan de devolverse se archivarán nuevamente como título de cada nuevo asiento.

El que haya servido a más de un asiento se archivará según cualquiera de ellos, haciéndose en el legajo, en el lugar respectivo de los demás asientos, las referencias oportunas.

Del que haya de devolverse quedará, referencia suficiente en el legajo.

ART. 333.

A los hechos o circunstancias cuya inscripción no resulte y que estén acreditados por título suficiente para practicarla se aplicarán las reglas de reconstitución, en cuanto al folio registral en que ha de extenderse y referencia en índices; en lo demás se aplicarán las normas ordinarias.

Es objeto de anotación el resultado de las investigaciones que, por falta de prueba, no pueda serlo de inscripción.

ART. 334.

Terminado el expediente se dará cuenta a la Dirección General, a través del Presidente del Tribunal Superior de Justicia, del número y clase de asientos reconstituidos, de los practicados sin este carácter y de la medida en que no pudo realizarse la reconstitución ordenada.

Modificado por Real Decreto 1917/1986, de 29 de agosto, de modificación de determinados artículos del Reglamento del Registro Civil. (BOE de 19-09-1986).

CAPÍTULO IV
De los expedientes para declaraciones con valor de simple presunción

ART. 335.

Respecto de los expedientes para declaraciones con valor de simple presunción, es competente el Encargado del Registro del domicilio del solicitante.

Para el expediente a que se refiere el artículo 339 es competente, a elección del solicitante, el Encargado del Registro correspondiente al lugar de celebración del matrimonio o el del domicilio del promotor.

Modificado por Real Decreto 1917/1986, de 29 de agosto, de modificación de determinados artículos del Reglamento del Registro Civil. (BOE de 19-09-1986).

ART. 336.

Los hechos y la imposibilidad de acceso al Registro, cuando no sean notorios, se acreditarán por los peticionarios:

1.° Con los medios establecidos para la reconstitución de la inscripción.

2.° Con los documentos auténticos en cuya virtud puede practicarse o por las pruebas establecidas para el expediente previo a la inscripción.

3.° En último término, por los demás medios de prueba, teniendo en cuenta, en su caso, la posesión de estado. Cuando la Ley establece especiales medios de prueba se estad a lo en ella dispuesto.

El domicilio de los apátridas se acreditará por certificación municipal o información testifical; se recabará informe oficial al Ministerio del Interior sobre su entrada en territorio español y sobre su condición de apátrida.

Modificado por Real Decreto 1917/1986, de 29 de agosto, de modificación de determinados artículos del Reglamento del Registro Civil. (BOE de 19-09-1986).

ART. 337.

También pueden ser declarados con valor de simple presunción los hechos relativos al estado civil de un extranjero, residente o domiciliado en España, en tanto que por su condición de refugiado o asilado o por cualquier razón de fuerza mayor no pueda conseguir las certificaciones o pruebas normalmente acreditativas de tales hechos.

Salvo petición del interesado, la anotación que en su virtud haya de extenderse en el Registro Civil Central no será objeto de asiento duplicado en el Registro Consular español del país del refugiado o asilado.

Modificado por Real Decreto 1917/1986, de 29 de agosto, de modificación de determinados artículos del Reglamento del Registro Civil. (BOE de 19-09-1986).

ART. 338.

Las declaraciones sobre nacionalidad o vecindad civil podrán referirse a determinada edad del sujeto. En el expediente se probará la adquisición y la posesión de estado, y si puede accederse al Registro, la inexistencia, en el folio registral de nacimiento de asiento que contradiga la declaración que se pretende.

ART. 339.

Puede declararse con valor de simple presunción el matrimonio, cuya celebración conste, y que, sin embargo, no pueda ser inscrito por no haberse acreditado debidamente los requisitos exigidos para su validez por el Código Civil.

Modificado por Real Decreto 1917/1986, de 29 de agosto, de modificación de determinados artículos del Reglamento del Registro Civil. (BOE de 19-09-1986).

ART. 340.

El testimonio, literal o en extracto, de las declaraciones, expresará siempre su valor de simple presunción y su expedición quede sujeta a las restricciones de publicidad establecidas para las certificaciones registrales.

La anotación de las declaraciones es obligatoria, y precisará la fecha a que éstas se refieren; la anotación de fes de vida o estado es facultativa.

Se sustituye la expresión «fe de vida, soltería o viudez» por la expresión «fe de vida o estado», por Real Decreto 1917/1986, de 29 de agosto, de modificación de determinados artículos del Reglamento del Registro Civil. (BOE de 19-09-1986).

CAPÍTULO V
De las reglas de los expedientes en general

El Real Decreto 1004/2015, de 6 de noviembre, por el que se aprueba el Reglamento por el que se regula el procedimiento para la adquisición de la nacionalidad española por residencia, prevalecerá sobre lo dispuesto en los artículos 341 a 362 del presente reglamento. Ver la D.F. 2ª del Real Decreto 1004/2015.

Sección Primera. De sus presupuestos y tramitación

ART. 341.

Los expedientes gubernativos, a que se refiere esta legislación, se sujetarán, a falta de reglas especiales, a lo establecido en este capítulo.

Modificado por Real Decreto 1917/1986, de 29 de agosto, de modificación de determinados artículos del Reglamento del Registro Civil. (BOE de 19-09-1986).

ART. 342.

Es competente el Juez Encargado a que correspondiere el Registro donde deba inscribirse la resolución pretendida. Si la inscripción hubiera de practicarse en los Registros Consular y Central la competencia será del primero si el promotor está domiciliado en el extranjero, y del segundo, en otro caso.

Modificado por Real Decreto 1917/1986, de 29 de agosto, de modificación de determinados artículos del Reglamento del Registro Civil. (BOE de 19-09-1986).

ART. 343.

El expediente será instruido por el propio Encargado, quien, oído el Ministerio fiscal, dictará en forma de auto la resolución que proceda.

Modificado por Real Decreto 1917/1986, de 29 de agosto, de modificación de determinados artículos del Reglamento del Registro Civil. (BOE de 19-09-1986).

ART. 344.

El Ministerio fiscal conocerá los expedientes y recursos desde su iniciación para velar por la instrucción y tramitación adecuada, y emitirá informe como último trámite previo a la resolución del Juez correspondiente.

El Ministerio fiscal, antes de su informe definitivo, puede proponer las diligencias o pruebas oportunas. Igualmente puede ampliar, modificar u oponerse a la pretensión deducida, sobre lo cual se oirá a los interesados. Aunque a su juicio haya alguna razón procesal bastante para la oposición, ésta deberá incluir, a la vez, todas aquellas, procedimentales o de fondo, que impidan acceder a lo solicitado.

Los Fiscales de Paz sólo pueden actuar en las diligencias encomendadas a los Jueces de Paz.

Modificado por Real Decreto 1917/1986, de 29 de agosto, de modificación de determinados artículos del Reglamento del Registro Civil. (BOE de 19-09-1986).

ART. 345.

Los expedientes de la competencia de órganos judiciales y del Registro Civil Central se tramitan con la intervención del Secretario respectivo.

Modificado por Real Decreto 1917/1986, de 29 de agosto, de modificación de determinados artículos del Reglamento del Registro Civil. (BOE de 19-09-1986).

ART. 346.

Tienen interés legítimo en un expediente los que por él pueden resultar afectados directamente en su estado bienes o derechos o sus herederos. Para promover un expediente, basta el interés en confirmar un asiento vigente o el estado que ya tiene.

Modificado por Decreto 1138/1969, de 22 de mayo, por el que se modifican determinados artículos del Reglamento del Registro Civil. (BOE de 17-06-1969).

ART. 347.

Los expedientes para los que es competente un mismo órgano pueden ser acumulados de oficio, si así se estima conveniente, o a petición fundada de parte.

La parte que no la haya pedido puede solicitar la tramitación separada. si la acumulación no está fundada en causa legal.

ART. 348.

La solicitud para iniciar el expediente se dirigirá al órgano que ha de resolver, contendrá las menciones conocidas de identidad del promotor y de quienes tengan interés legítimo, expondrá sucinta y numeradamente los hechos, las pruebas y diligencias que acompañe y proponga y los fundamentos de derecho y fijará con claridad y precisión lo que se pida.

Las solicitudes que tiendan a concordar el Registro con la realidad, aunque sean defectuosas, deberán admitirse y se informará a los interesados sobre el modo de subsanar los defectos.

Formulada solicitud ante el Registro del domicilio del promotor, el Encargado instruirá las diligencias oportunas con intervención del Ministerio Fiscal, quien emitirá informe, y en unión del suyo propio, dará al expediente el curso reglamentario.

Para la recepción de la solicitud y práctica de las diligencias de auxilio, son competentes los Jueces de Paz.

Tanto los Procuradores como los Abogados podrán asistir con el carácter de apoderados o con el de auxiliares de los interesados, cuando éstos quieran valerse espontáneamente de ellos.

Modificado por Real Decreto 3455/1977, de 1 de diciembre, sobre modificación de determinados artículos del Reglamento de Registro Civil. (BOE de 25-01-1978).

ART. 349.

La incoación se notificará a quienes tengan interés legítimo. Se investigará de oficio si hay más interesados que los mencionados en la solicitud y el paradero de todos ellos.

En lo no previsto en esta legislación, toda notificación se ajustará a lo establecido en las leyes procesales. Sin embargo y salvo cuando se exija notificación personal, las notificaciones podrán hacerse también mediante carta certificada, telegrama o cualquier otro medio que permita tener constancia de la recepción, de la fecha y de la identidad del acto notificado, y se dirigirán al domicilio del interesado o al lugar señalado por éste para las notificaciones. En su caso, la cédula de notificación será fechada y sellada por el funcionario de Correos antes de ser certificada y se unirá al expediente el resguardo del certificado.

Cuando no conste el paradero de algún interesado, se hará la notificación por anuncio general de la incoación mediante edictos fijados en el tablón de anuncios del Registro y en el de las oficinas que se juzgue oportuno. En expediente relativo a numerosos asientos, basta que el anuncio determine la Sección y fecha de los hechos de que dan fe las inscripciones principales afectadas.

Si se estima conveniente por la índole de la cuestión cabe que, además de las notificaciones, se haga también anuncio general de la incoación por edictos o cualquier otro medio de publicidad; la inserción en periódicos oficiales u otros medios de información general sólo cabe si la causa es grave y lo ordena la autoridad que haya de resolver el expediente. No obstante, a petición y costa del interesado, se ordenará la publicidad que proponga, si no hubiera en ello afrenta a personas u otro inconveniente.

Modificado por Decreto 1138/1969, de 22 de mayo, por el que se modifican determinados artículos del Reglamento del Registro Civil. (BOE de 17-06-1969).

ART. 350.

La citación a los infractores de disposiciones sobre Registro Civil en los expedientes motivados por la infracción se rige por las reglas del artículo anterior; las diligencias sobre imposición de costas no suspenden el curso y resolución del expediente.

Redactado tal y como dispone la corrección de errores de este Reglamento (BOE de 21-01-1959).

ART. 351.

La certeza de los hechos será investigada de oficio sin perjuicio de la carga de la prueba que incumba a los particulares; los infractores tienen esta carga en el expediente motivado por la infracción.

La prueba se practicará con intervención libre y directa del órgano competente, y si comparecieran, del Ministerio Fiscal y de las partes. Antes de tomar declaración se advertirá al declarante la especial responsabilidad en que puede incurrir.

Modificado por Real Decreto 3455/1977, de 1 de diciembre, sobre modificación de determinados artículos del Reglamento de Registro Civil. (BOE de 25-01-1978).

ART. 352.

Hay tres días hábiles:

1.° Para que los notificados en domicilio situado en la población donde se sigue el expediente se personen o, sin constituirse en parte, hagan sus alegaciones. Para los demás interesados residentes en la población, el plazo será de diez días, a partir del último de la publicación del anuncio.

2.° Para que los constituidos en parte, visto el expediente, hagan sus alegaciones.

3.° Para citar después al Ministerio Fiscal y también a las partes para la práctica de la prueba, y a fin de que éstas en el mismo acto conozcan lo instruido y expongan cuanto a su derecho conduzca. A esta comparecencia podrá concurrir, para hablar en su nombre, la persona que cada parte elija.

4.° Para cualquier diligencia dentro de la población.

5.° Para que el Ministerio Fiscal evacue sus informes.

6.° Para dictar, tras el último informe, auto resolviendo el expediente y para la ulterior notificación de éste al Ministerio Fiscal y a las partes.

En los casos primero, segundo y cuarto el plazo podrá ampliarse hasta diez días hábiles si lo exigen la gravedad o las circunstancias de la causa. También podrá disponerse que, practicada la prueba, se concedan hasta diez días hábiles a cada parte para que, sucesivamente, puedan conocer lo instruido y exponer cuanto a su derecho conduzca.

Para personarse los no residentes en la población y para hacer sus alegaciones o para las diligencias fuera de aquélla se señalarán plazos adecuados.

ART. 353.

Mientras no recaiga resolución definitiva de un expediente o recurso, los promotores o partes pueden desistir de sus pretensiones por escrito u oralmente mediante comparecencia debidamente diligenciada.

El desistimiento de una parte será comunicado a las demás y al Ministerio Fiscal, quienes podrán instar la continuación del expediente dentro de los diez días hábiles siguientes a la notificación.

ART. 354.

La práctica de una diligencia no paralizará las demás que sean compatibles.

Se evitará toda dilación o trámite superfluo o desproporcionado con la causa. En otro caso, las partes podrán recurrir en queja ante el Presidente del Tribunal Superior de Justicia, y, si éste no lo corrige, ante la Dirección General. Igualmente cabrán quejas por omisión de trámites que puedan subsanarse antes de la resolución definitiva.

El Ministerio fiscal o el órgano de oficio suplirá la pasividad de las partes en el cumplimiento de sus deberes, sin perjuicio de las multas que procedan conforme a la Ley. Transcurridos tres meses desde que un expediente o recurso se paralice por culpa del promotor o promotores, el Ministerio fiscal y las demás partes, unánimemente, podrán pedir que se declare su caducidad, previa citación al promotor o promotores.

En el despacho de los expedientes se guardará el orden riguroso de incoación en asuntos de homogénea naturaleza, salvo que se dé orden motivada y escrita en contrario por el inmediato superior.

Los interesados tendrán derecho a ser informados en cualquier momento del estado de la tramitación.

Modificado por Real Decreto 1917/1986, de 29 de agosto, de modificación de determinados artículos del Reglamento del Registro Civil. (BOE de 19-09-1986).

Sección Segunda. De los recursos

ART. 355.

Las resoluciones del Encargado no admitiendo el escrito inicial o poniendo término al expediente son recurribles ante la Dirección General durante quince días hábiles, a partir de la notificación.

No cabe recurso, remedio o queja ante otros órganos.

La notificación de las resoluciones expresará si son definitivas o el recurso que proceda, órgano ante quien haya de interponerse y plazo para entablarlo. La notificación defectuosa será eficaz respecto de la parte que consienta expresamente la resolución o interponga el recurso pertinente; asimismo surtirá efectos por el transcurso de seis meses la practicada personalmente a la parte si contuviera el texto íntegro de la resolución, salvo que se hubiere hecho protesta formal dentro de este plazo en solicitud de rectificación de la deficiencia.

Modificado por Real Decreto 1917/1986, de 29 de agosto, de modificación de determinados artículos del Reglamento del Registro Civil. (BOE de 19-09-1986).

ART. 356.

El Encargado del Registro resolverá en el plazo de tres días naturales toda solicitud que no dé lugar a expediente.

Contra toda decisión, sea o no de oficio, no comprendida en el artículo anterior, cabe recurso de reposición y, posteriormente, el recurso a que se refiere el mismo artículo.

Estas normas no modifican las establecidas sobre recursos contra la calificación registral.

Modificado por Real Decreto 1917/1986, de 29 de agosto, de modificación de determinados artículos del Reglamento del Registro Civil. (BOE de 19-09-1986).

ART. 357.

Cuando se formule cualquier solicitud o recurso y no se notificare resolución en el plazo de noventa días naturales, el interesado podrá denunciar la mora, y transcurridos otros noventa días desde la denuncia podrá considerar desestimada su petición al efecto de deducir, frente a esta denegación presunta, el correspondiente recurso o esperar la resolución expresa de su petición.

La denegación presunta no excluirá el deber de dictar una resolución expresa, y si recayera ésta, el plazo para formular el recurso que proceda se contará desde la notificación de la misma.

ART. 358.

El escrito de recurso se ajustará a las formas de la solicitud y determinará con claridad y precisión los extremos objeto de la reclamación.

Sólo podrán ser discutidas las cuestiones relacionadas directa e inmediatamente con la decisión recurrida. Podrán rechazarse los documentos a pruebas que pudieron presentarse oportunamente, salvo que sea de interés público su admisión.

En los recursos contra la calificación registral, no podrán fundarse peticiones en títulos no presentados en tiempo y forma.

El recurso puede presentarse ante cualquier órgano del Registro Civil. Se dará inmediato traslado al órgano cuya decisión se recurra, quien lo notificará en su caso, a la otra parte, y siempre al Ministerio Fiscal, y con las alegaciones de los notificados e informe del propio órgano, se elevará al competente. Esto podrá ordenar diligencias para mejor proveer, con citación y audiencia de las partes y del Ministerio Fiscal.

Si el fallo recorrido se hubiera limitado a declarar la falta de presupuestos del procedimiento y tal falta no fuera apreciada, el órgano decisor podrá resolver por sí la cuestión de fondo o devolver las actuaciones. De apreciarse falta de presupuestos o la omisión de un trámite esencial, el órgano decisor podrá, bien reponer las actuaciones, bien, una vez subsanado aquel defecto dentro de la tramitación misma del recurso, resolver ya sobre el fondo.

Modificado por Real Decreto 3455/1977, de 1 de diciembre, sobre modificación de determinados artículos del Reglamento de Registro Civil. (BOE de 25-01-1978).

ART. 359.

La Dirección General resolverá el recurso dentro de los treinta días hábiles siguientes a su recepción o, en su caso, a la terminación de todas las diligencias.

Modificado por Real Decreto 1917/1986, de 29 de agosto, de modificación de determinados artículos del Reglamento del Registro Civil. (BOE de 19-09-1986).

ART. 360.

El Director resolverá sobre la propuesta formulada por el Subdirector.

La resolución se dictará en forma análoga al auto, y se publicará en el «Boletín de Información del Ministerio de Justicia», en el anuario del Centro directivo y, cuando sea conveniente, en el «Boletín Oficial del Estado».

Si se alegasen o discutieren hechos que afecten a cuestiones matrimoniales, al honor privado o sobre las cuales no se pueda certificar libremente, la Dirección General adoptará medidas para que no trascienda la identidad de los interesados. Si al resolver se hiciera alguna advertencia a funcionarios, se omitirá su expresión empleando la frase «y lo demás acordado».

Modificado por Real Decreto 1917/1986, de 29 de agosto, de modificación de determinados artículos del Reglamento del Registro Civil. (BOE de 19-09-1986).

ART. 361.

La resolución del recurso será notificada al Ministerio Fiscal y partes a través del órgano cuya decisión se recurrió en primera instancia.

Firme la resolución, se remitirá a este último el expediente a su archivo.

ART. 362.

Contra las resoluciones de la Dirección no cabe recurso alguno, salvo cuando corresponda la vía judicial ordinaria y sin perjuicio de lo dispuesto en el capítulo VII.

CAPÍTULO VI
De la fe de vida o estado

Modificado por Real Decreto 1917/1986, de 29 de agosto, de modificación de determinados artículos del Reglamento del Registro Civil. (BOE de 19-09-1986).

Ver la Instrucción de 10 de febrero de 2005, de la Dirección General de los Registros y del Notariado, por la que se aprueba el modelo plurilingüe de Certificado de Vida previsto en el Convenio número 27 de la Comisión Internacional del Estado Civil.

ART. 363.

La vida, estado de soltero, viudo o divorciado se acreditan por la correspondiente fe del Encargado.

La vida se acredita también por comparecencia del sujetó o por acta notarial de presencia, y el estado de soltero, viudo o divorciado, por declaración jurada o afirmación solemne del propio sujeto o por acta de notoriedad.

Ningún órgano oficial, ante quien la vida se acredite por comparecencia del sujeto o el estado de soltero, viudo o divorciado por aquella manifestación podrá exigir otros medios de prueba, sin perjuicio de la investigación de oficio que proceda en caso de duda fundada. Por los órganos oficiales se advertid previamente al declarante la responsabilidad penal en que puede incurrir.

Modificado por Real Decreto 1917/1986, de 29 de agosto, de modificación de determinados artículos del Reglamento del Registro Civil. (BOE de 19-09-1986).

ART. 364.

El expediente de fe de vida o estado se ajustará a las siguientes normas:

1.ª Es competente el Encargado y, por delegación, el Juez de Paz del domicilio del sujeto a que se refiere.

2.ª No se requiere audiencia del Ministerio fiscal ni comunicación a interesados, pero aquél o éstos pueden constituirse en parte o hacer las manifestaciones que estimen oportunas.

3.ª Siempre que sea posible se pedirá declaración al propio sujeto sobre su identidad o estado.

4.ª Para la fe de vida, basta la identificación del sujeto.

5.ª Cuando se trate de declarar el estado, se abrirá a cada persona una ficha en la que se indicará el lugar y fecha de nacimiento. La apertura se comunicará al Registro de nacimiento, a fin de que la consigne por nota al margen de la inscripción y comunique, para su constancia en la ficha y efectos en los expedientes las notas marginales de matrimonio y defunción ya practicadas o según se vayan produciendo. La declaración, que se reseñará en la ficha, no puede demorarse por falta de inscripción de nacimiento o del obligado acuse de recibo con la indicación de haberse practicado la nota marginal.

6.ª Para el estado de soltero, viudo o divorciado se acreditará suficientemente su posesión, salvo que al Encargado le conste, y basta para acreditarlo la declaración jurada de una persona, preferentemente familiar.

7.ª Se tramitará con urgencia, y siempre dentro del plazo máximo de cinco días hábiles.

Modificado por Real Decreto 1917/1986, de 29 de agosto, de modificación de determinados artículos del Reglamento del Registro Civil. (BOE de 19-09-1986).

CAPÍTULO VII
De los expedientes de la competencia del Ministerio o Autoridad superior y de nombres y apellidos.

Modificado por Real Decreto 3455/1977, de 1 de diciembre, sobre modificación de determinados artículos del Reglamento de Registro Civil. (BOE de 25-01-1978).

El Real Decreto 1004/2015, de 6 de noviembre, por el que se aprueba el Reglamento por el que se regula el procedimiento para la adquisición de la nacionalidad española por residencia, prevalecerá sobre lo dispuesto en los artículos 365 a 369 del presente reglamento. Ver la D.F. 2ª del Real Decreto 1004/2015.

ART. 365.

Los expedientes de nacionalidad que sean de la competencia del Ministerio, los de cambio o conservación de nombre y apellidos y los de dispensa para matrimonio serán instruidos, conforme a las reglas generales, por el Encargado del Registro Municipal del domicilio de cualquiera de los promotores. Si todos los peticionarios estuvieran domiciliados en país extranjero se instruirán por el Cónsul del domicilio de cualquiera de ellos o, en su defecto, por el Encargado del Central.

Resueltos por el Encargado los de su competencia, los demás se elevarán directamente a la Dirección, que podrá ordenar su ampliación con nuevas diligencias y, en este caso, se oirá nuevamente al Ministerio fiscal.

Los de nacionalidad, cuya resolución corresponda al Gobierno, serán instruidos por la Dirección General, que podrá comisionar al efecto al Encargado del Registro del domicilio, sin que, en ningún caso, se requiera anuncios generales ni audiencia del Ministerio fiscal.

Modificado por Real Decreto 1917/1986, de 29 de agosto, de modificación de determinados artículos del Reglamento del Registro Civil. (BOE de 19-09-1986).

ART. 366.

Cuando la concesión sea otorgable discrecionalmente o cuando dependa de circunstancias excepcionales o de motivos de orden público o interés nacional, los Encargados instructores y el Subdirector en sus propuestas se limitarán a enjuiciar los requisitos de fondo y forma, y a destacar los hechos probados o notorios que puedan ilustrar para la decisión.

La resolución denegatoria se comunicará en estos casos a la Dirección General para que ordene las notificaciones que procedan.

No es imperativa la resolución de peticiones de gracia. Se librará recibo de su presentación.

Modificado por Real Decreto 1917/1986, de 29 de agosto, de modificación de determinados artículos del Reglamento del Registro Civil. (BOE de 19-09-1986).

ART. 367.

El Ministro de Justicia resuelve en forma de Orden, a propuesta de la Dirección General, previo informe de la Subdirección respectiva.

Modificado por Real Decreto 1917/1986, de 29 de agosto, de modificación de determinados artículos del Reglamento del Registro Civil. (BOE de 19-09-1986).

ART. 368.

Las concesiones y demás resoluciones serán notificadas a las partes a través del Encargado competente para la instrucción del expediente.

ART. 369.

El cambio de nombre y apellidos aprobado por el Ministro al conceder la nacionalidad no podrá inscribirse, y así se advertirá en la resolución, mientras que el sujeto afectado no se inscriba como español.

TÍTULO VII
Régimen económico

Ver arts. 98 y 100 LRC-1957.

ART. 370.

Son gratuitas:

1.° Las declaraciones de nacimiento y defunción.

2.° Los expedientes de fe de vida, o de vida y estado.

3.° Las diligencias y certificaciones de los Libros de Familia, por los que sólo podrá cobrarse el precio del impreso fijado por el Ministerio de Justicia.

4.° Las actuaciones señaladas por la Ley con tal carácter y, en general, todas las que no devenguen derechos especialmente señalados en arancel legalmente aprobado.

Modificado por Real Decreto 1917/1986, de 29 de agosto, de modificación de determinados artículos del Reglamento del Registro Civil. (BOE de 19-09-1986).

ART. 371.

En los expedientes no gratuitos los recursos serán gratuitos cuando la resolución sea total o parcialmente estimatoria. En los gratuitos, los recursos también lo serán, salvo que sea vencido en todas las instancias el particular recurrente, quien, en tal supuesto, satisfará las costas, si en la última resolución se aprecia temeridad.

Las costas del expediente de cambio de nombre y apellidos a que se refiere el número 2.° del artículo 209 se impondrán al infractor, que, a este efecto, será previamente citado.

ART. 372.

Los que tengan ingresos no superiores al doble del salario mínimo interprofesional gozarán de exención de toda clase de derechos en las actuaciones del Registro Civil, incluso los de urgencia y auxilio registral, debiendo expedirse por correo oficial la correspondencia relativa a sus solicitudes.

Aquella circunstancia se acreditará por escrito del Alcalde o de la Tenencia de Alcaldía no anterior en un año a su presentación.

Modificado por Real Decreto 1917/1986, de 29 de agosto, de modificación de determinados artículos del Reglamento del Registro Civil. (BOE de 19-09-1986).

ART. 373.

Al pie de toda certificación o fe de vida o estado, que devenguen derechos, se hará constar su importe total, con expresión de las diversas partidas que lo integran y de los preceptos concretos que autorizan la percepción.

En la resolución que pone término a un expediente se expresará si devenga derechos y la persona obligada a su pago.

En toda certificación o fe de vida o estado gratuita constará este carácter, precepto que autoriza la exención y su ineficacia para casos o fines no exentos.

Incurrirán en especial responsabilidad los funcionarios que infrinjan lo dispuesto en este artículo.

Se sustituye la expresión «fe de vida, soltería o viudez» por la expresión «fe de vida o estado», por Real Decreto 1917/1986, de 29 de agosto, de modificación de determinados artículos del Reglamento del Registro Civil. (BOE de 19-09-1986).

Párrafo primero redactado tal y como dispone la corrección de errores de este Reglamento (BOE de 21-01-1959).

ART. 374.

No devengan derechos las certificaciones y fes de vida o estado solicitadas:

1.° Por las personas mencionadas en el artículo 372.

2.° Para surtir efectos en expedientes de familia numerosa.

3.° Por los asegurados y derechohabientes para la Seguridad Social obligatoria y percepción de sus beneficios.

4.° Por Misiones Diplomáticas o Consulados extranjeros, en régimen de reciprocidad.

5.° Por cualquier Organismo oficial o eclesiástico.

6.° Por los que aporten el impreso oficial para extenderlas, con cita de la disposición de exención, aprobado por la Dirección y sellado por la oficina pública en que aquellas hayan de surtir efecto.

Modificado por Real Decreto 1917/1986, de 29 de agosto, de modificación de determinados artículos del Reglamento del Registro Civil. (BOE de 19-09-1986).

ART. 375.

El peticionario de certificaciones anticipará su total importe y el de los gastos de correo, giro y auxilio registral, en su caso, contra entrega de recibo, en el que constará inexcusablemente la cantidad anticipada.

Serán cumplimentadas las peticiones de certificaciones que se reciban directamente por correo, siempre que se gire cantidad bastante para cubrir los gastos totales de expedición.

Modificado por Real Decreto 3455/1977, de 1 de diciembre, sobre modificación de determinados artículos del Reglamento de Registro Civil. (BOE de 25-01-1978).

ART. 376.

Las multas y costas causadas por infracciones serán condonadas cuando el responsable haya instado, de modo espontáneo, lo procedente para repararlas.

No podrán imponerse costas a los funcionarios del Registro sin especial expediente de responsabilidad, pero en ningún caso se impondrán a los particulares las motivadas por infracciones cometidas por aquéllos.

El particular que culposamente provoque desplazamientos u otros gastos innecesarios de los funcionarios del Registro será condenado a su resarcimiento en papel de pagos al Estado, sin perjuicio de la multa que corresponda.

ART. 377.

Las tasas y exacciones que se devenguen en compensación de servicios o que, en su caso, correspondan a organismos y funcionarios del Registro Civil se administrarán y distribuirán conforme legalmente se establezca.

TÍTULO VIII
De los Médicos del Registro

ART. 378.

Las funciones que la Ley sobre el Registro Civil atribuye a los médicos del Registro Civil serán desempañadas por funcionarios del Cuerpo de Médicos Forenses. Por regla general estas funciones se desempeñarán conjuntamente con las demás propias de este Cuerpo, pero, excepcionalmente, podrá haber puestos de trabajo adscritos exclusivamente a funciones del Registro Civil.

Los médicos forenses en el ejercicio de sus funciones en el Registro Civil están también sometidos a la inspección y control de los órganos encargados del Registro Civil.

Modificado por Real Decreto 181/1993, de 9 de febrero, sobre integración de los médicos del Registro Civil y de los procedentes de la extinguida Escala de Médicos de la Obra de Protección de Menores, pertenecientes a la Escala de Médicos de Organismos Autónomos del Ministerio de Justicia, en el Cuerpo de Médicos Forenses. (BOE de 23-02-1993).

ART. 379.

Respecto a las defunciones ocurridas en Centros sanitarios militares, en playas, mar, cuarteles, aeródromos y, en general, todas aquellas en que por disposición especial corresponde a Médicos castrenses el reconocimiento de cadáveres, dichos facultativos asumirán las funciones de Médicos del Registro Civil.

Modificado por Real Decreto 181/1993, de 9 de febrero, sobre integración de los médicos del Registro Civil y de los procedentes de la extinguida Escala de Médicos de la Obra de Protección de Menores, pertenecientes a la Escala de Médicos de Organismos Autónomos del Ministerio de Justicia, en el Cuerpo de Médicos Forenses. (BOE de 23-02-1993).

ART. 380.

El médico forense adscrito al Registro Civil, en los registros en que exista, o el médico forense al que correspondan las funciones relativas al Registro Civil, será sustituido en los casos en que legítimamente proceda por otro que sirva en el mismo Registro, si lo hubiera, por otro médico forense o, en su defecto, por el médico correspondiente de atención primaria de salud o el equivalente en la organización sanitaria.

Modificado por Real Decreto 181/1993, de 9 de febrero, sobre integración de los médicos del Registro Civil y de los procedentes de la extinguida Escala de Médicos de la Obra de Protección de Menores, pertenecientes a la Escala de Médicos de Organismos Autónomos del Ministerio de Justicia, en el Cuerpo de Médicos Forenses. (BOE de 23-02-1993).

ART. 381.

En los dictámenes sobre la causa de la muerte a que se refiere el artículo 85 de la Ley del Registro Civil, no podrá actuar el médico que hubiera emitido el certificado de defunción o prestado asistencia al finado en su última enfermedad.

Modificado por Real Decreto 181/1993, de 9 de febrero, sobre integración de los médicos del Registro Civil y de los procedentes de la extinguida Escala de Médicos de la Obra de Protección de Menores, pertenecientes a la Escala de Médicos de Organismos Autónomos del Ministerio de Justicia, en el Cuerpo de Médicos Forenses. (BOE de 23-02-1993).

ART. 382.

El Juez encargado es el superior jerárquico inmediato de los Médicos que estén adscritos al Registro. La Inspección velará por el buen funcionamiento del servicio.

Primer párrafo derogado por Real Decreto 181/1993, de 9 de febrero, sobre integración de los médicos del Registro Civil y de los procedentes de la extinguida Escala de Médicos de la Obra de Protección de Menores, pertenecientes a la Escala de Médicos de Organismos Autónomos del Ministerio de Justicia, en el Cuerpo de Médicos Forenses. (BOE de 23-02-1993).

Reglamento del Registro Civil

ARTS. 383 a 408.

(DEROGADOS)

Artículos derogados por Real Decreto 181/1993, de 9 de febrero, sobre integración de los médicos del Registro Civil y de los procedentes de la extinguida Escala de Médicos de la Obra de Protección de Menores, pertenecientes a la Escala de Médicos de Organismos Autónomos del Ministerio de Justicia, en el Cuerpo de Médicos Forenses. (BOE de 23-02-1993).

DISPOSICIONES TRANSITORIAS

D.T. 1.ª

Se inscribirán o anotarán los hechos que hayan de servir de base a asientos marginales, aun cuando no estuvieren sujetos al Registro conforme a la Ley que se deroga.

D.T. 2.ª

Las reglas sobre manifestación de libros y certificaciones se aplican, aunque éstas se refieran a asientos anteriores a su vigencia.

Conservarán su eficacia las certificaciones expedidas bajo la antigua Ley, sin perjuicio de las restricciones que para su admisibilidad impone la nueva legislación.

D.T. 3.ª

Podrá utilizarse, sujetándose a la legislación que entra en vigor, los impresos oficiales de certificaciones u otros en tanto no se suministren los nuevos y, en todo caso, los libros de familia que estuvieren abiertos; sin embargo, los de certificaciones en extracto de actas de nacimiento no se utilizarán en lo sucesivo, pero queda a salvo lo establecido en la disposición anterior.

D.T. 4.ª

El Ministerio de Justicia determinará el comienzo del funcionamiento del Archivo provincial. Las funciones del Encargado de éste, a efectos de lo dispuesto en el artículo 159, serán asumidas por el que lo tolera del Registro de la capital y, habiendo varios, por el Juez decano.

Los ficheros se completarán con los datos de asientos anteriores a la Ley, a razón de dos anos, al menos, por cada uno que transcurra, empezando por los de 1957 y 1958.

> *Párrafo primero redactado tal y como dispone la corrección de errores de este Reglamento (BOE de 21-01-1959).*

D.T. 5.ª

A las cero horas del día 1 de enero de 1959 se cerrarán los libros de la antigua Sección IV por diligencia extendida en la página siguiente a la última de las utilizadas en la que se hará referencia a esta disposición.

En igual fecha se iniciará la formación de legajos con arreglo a la nueva legislación.

Seguirán utilizándose los libros abiertos de las restantes secciones, y mientras no se suministren nuevos libros oficiales podrán abrirse los confeccionados conforme a la legislación que se deroga; pero, en todo caso, la práctica de asientos se adaptará a las nuevas normas.

D.T. 6.ª

Sólo a petición del interesado y en cuanto a las inscripciones de nacimiento practicadas bajo la legislación anterior a la Ley del Registro Civil de 8 de junio de 1957, el encargado dará cumplimiento a lo dispuesto por el párrafo primero del artículo 191.

Los nombres extravagantes, impropios de personas, irreverentes o subversivos se consideran en todo caso impuestos con infracción de las normas establecidas.

Las declaraciones sobre apellidos a que se refieren los artículos 198 y 199 podrán realizarse, en todo caso, dentro del año siguiente a la vigencia de la Ley.

Cuando en la escritura de adopción se hubiera permitido al adoptado usar con el apellido de su familia el del adoptante sin establecer el orden, se atribuirá prioridad a los apellidos paterno y materno por naturaleza; los apellidos de adopción precederán a los impuestos de oficio, y el del adoptante varón, al de la madre; si la filiación es natural.

En las inscripciones ya practicadas a que se refiere el párrafo segundo del artículo 197, el Encargado, previamente a la expedición de la certificación de la inscripción de nacimiento o a petición del interesado, expresará marginalmente, con claridad, el orden resultante.

Modificado por Real Decreto 762/1993, de 21 de mayo, por el que se modifica los artículos 170 y 191 del Reglamento del Registro Civil. (BOE de 22-06-1993).

D.T. 7.ª

Las inscripciones de desaparición que se practicaron con arreglo al Decreto de 8 de noviembre de 1936 causarán, a petición del interesado y con valor de declaración de fallecimiento, inscripciones marginales en el folio de nacimiento, y se cancelarán los asientos originarios.

D.T. 8.ª

A las cero horas del día 1 de enero de 1959 se procederá por diligencia al cierre de los libros de tutelas de los Juzgados de Primera Instancia.

Los asientos posteriores relativos a tutelas inscritas en dichos libros se practicarán en el Registro Civil, previa apertura del correspondiente folio registral, por traslado de los asientos originarios, que serán cancelados.

D.T. 9.ª

No requieren expediente de corrección los defectos meramente formales y las faltas en el modo de llevar los libros cuando unos u otras no se consideren tales en la nueva legislación.

Son eficaces los asientos basados en título suficiente, conforme a la nueva legislación, aunque no lo fuere según la antigua.

Párrafo primero redactado tal y como dispone la corrección de errores de este Reglamento (BOE de 21-01-1959).

D.T. 10.ª

Si al regir la Ley del Registro Civil hubiera procedimientos empezados bajo la legislación anterior, y éstos fueren diferentes en sus requisitos o tramitación de los establecidos por aquélla, podrán los interesados constituidos en parte unánimemente optar por el nuevo procedimiento antes de que se dicte resolución sobre la cuestión ventilada.

En defecto de opción se aplicarán las reglas de la legislación anterior.

D.T. 11.ª

Quedan anuladas, debiendo cancelarse de oficio, las notas marginales de nulidad, y en cuanto afecten a hechos y circunstancias objeto del Registro, las tachaduras ordenadas por las Órdenes de 12 de agosto y 22 de septiembre de 1938 y 8 de marzo de 1939 sobre asientos en zona roja, los que estarán sujetos a las restantes Leyes, Decretos u Órdenes, sin perjuicio de lo establecido en la disposición transitoria novena y de la posible aplicación de los procedimientos de la nueva legislación.

Quedan a salvo las convalidaciones efectuadas con arreglo a lo dispuesto en las citadas Órdenes ministeriales.

Se dispensa la traducción de los asientos referidos que no estén en castellano, sin perjuicio de lo dispuesto en el párrafo primero del artículo 300 sobre las traducciones que procedan a solicitud de interesado o en certificación.

Párrafo primero redactado tal y como dispone la corrección de errores de este Reglamento (BOE de 21-01-1959).

D.T. 12.ª

(SUPRIMIDA)

Suprimida por Real Decreto 1917/1986, de 29 de agosto, de modificación de determinados artículos del Reglamento del Registro Civil. (BOE de 19-09-1986).

D.T. 13.ª

(DEROGADO)

Derogada por Real Decreto 181/1993, de 9 de febrero, sobre integración de los médicos del Registro Civil y de los procedentes de la extinguida Escala de Médicos de la Obra de Protección de Menores, pertenecientes a la Escala de Médicos de Organismos Autónomos del Ministerio de Justicia, en el Cuerpo de Médicos Forenses. (BOE de 23-02-1993).

DISPOSICIONES FINALES

D.F. 1.ª

Las inscripciones previstas en el Decreto-ley de 29 de diciembre de 1948, sobre condición de súbdito español de determinados sefardíes, podrán practicarse sin limitación de plazo.

Las disposiciones del Decreto de 2 de abril de 1955, sobre nacionalidad, quedan sustituidas por las de este Reglamento.

D.F. 2.ª

En las provincias africanas rige la legislación general, sin perjuicio de las disposiciones especiales sobre órganos del Registro y hechos inscribibles relativos a indígenas.

D.F. 3.ª

(DEROGADO)

Derogada por Real Decreto 181/1993, de 9 de febrero, sobre integración de los médicos del Registro Civil y de los procedentes de la extinguida Escala de Médicos de la Obra de Protección de Menores, pertenecientes a la Escala de Médicos de Organismos Autónomos del Ministerio de Justicia, en el Cuerpo de Médicos Forenses. (BOE de 23-02-1993).

TABLA DE LOS DERECHOS A PERCIBIR EN METÁLICO POR LOS MÉDICOS DEL REGISTRO CIVIL

Los Médicos del Registro Civil percibirán los siguientes honorarios:

1.º Por la comprobación de nacimientos, cincuenta pesetas.

2.º Por su dictamen en expedientes no gratuitos, doscientas pesetas.

3.º Por reconocimiento de cadáveres:

a) Cincuenta pesetas si el importe del sepelio no excede de mil pesetas.

b) Ciento cincuenta pesetas en los superiores a dicha cantidad e inferiores a tres mil pesetas.

c) Doscientas cincuenta pesetas en los superiores a esta cantidad e inferiores a seis mil pesetas.

d) Cuatrocientas pesetas en las que excedan de esta cantidad y sean inferiores a doce mil pesetas.

e) Seiscientas pesetas en los superiores a dicha cantidad e inferiores a veinticuatro mil pesetas.

f) Setecientas cincuenta pesetas en los superiores a dicha cantidad e inferiores a cincuenta mil pesetas.

g) Mil pesetas en los que excedan de la expresada cifra de cincuenta mil pesetas.

A estos efectos se tendrán exclusivamente en cuenta los gastos de entierro, sin computar los de funeral ni sepultura.

Modificado por Decreto 1778/1971, de 8 de julio, por el que se modifica la tabla de los derechos a percibir en metálico por los Médicos del Registro Civil. (BOE de 27-07-1971).

Reglamento del Registro Civil

DISPOSICIONES ESPECIALES

D.E. ÚNICA

(DEROGADA)

Derogada por Decreto 1778/1971, de 8 de julio, por el que se modifica la tabla de los derechos a percibir en metálico por los Médicos del Registro Civil. (BOE de 27-07-1971).

Madrid, 14 de noviembre de 1958.-Aprobado por Su Excelencia.-Antonio Iturmendi.

ÍNDICE ANALÍTICO

A

C

D

E

F

G

I

S

T

V